中国特色小镇
2021 年发展指数报告

蒋剑辉　张晓欢　主编

支持单位：国信中小城市指数研究院

人民出版社

中国特色小镇 2021 年发展指数报告
编写委员会名单

编委会主任： 蒋剑辉　张晓欢

编委会副主任： 田淑英　林学楷　徐东敏　张秀桥

李炳煌　张　潇　朱　超　戴子君

编委会成员： 张央青　吕伟华　郑四渭　熊俊顺

惠琦娜　华宏杰　何森雨　梅　婷

孙旭琳　张女英　杨宗宝

主编简介

蒋剑辉　浙江工商大学统计学副研究员，杭州数亮科技股份有限公司首席指数专家，中国商业统计学会市场调查与教学研究会副会长，国家商务部"中国·义乌小商品指数"特聘专家。1962年1月出生于江苏宜兴，1984年毕业于浙江工商大学（原杭州商学院）。主要研究方向是统计调查和统计指数，共主持和参与各类科研项目40余项，发表学术论文18篇，出版专著2部，获各级优秀科研成果奖20余项。因在研发编制我国专业市场统计指数方面有突出成就而荣获中国商业联合会"2008年度中国商业创新人物"奖。2006年以来，先后主持研发了义乌小商品指数、柯桥纺织指数、中关村电子产品指数、寿光蔬菜指数、成都中药材指数、成都五金机电指数、舟山水产品指数、杭州四季青女装指数等20多个"中国系"专业市场指数，以及浙江省小微企业成长指数、杭州滨江创新指数、上海有色金属价格指数、水头石材产业指数、晋江鞋业发展指数、中国特色小镇发展指数、中国城镇居民生活必需品价格指数等一系列重要产业或行业指数。被媒体誉为"指数达人"。

张晓欢　国务院发展研究中心公共管理所副研究员，东方文化与城市发展研究所学术委员会副主任（主持工作）、首席研究员，北京大学政府管理学院应用经济学博士后。兼任若干省、市、县政府经济顾问、若干机构首席专家、首席经济学家，曾获国家发展改革委"十三五"优秀建言献策专家称号。参与多项国家部委文件起草，经相关中央领导签批后发布。经国务院发展研究中心领导（省部级）批示后刊发调研报告近50篇。在《人民日报》《经济日报》《经济参考报》《经济要参》等报纸和学术刊物上发表文章100余篇，著有《迈向高质量特色小镇建设之路》《中国特色小（城）镇发展指数报告2018—2020年》《新时代中国文化发展新思路》等专业著作7部。

序言

受国家发展改革委规划司城乡融合发展处委托，杭州数亮科技股份有限公司会同国务院发展研究中心·东方文化与城市发展研究所于2018—2020年连续三年出版《中国特色小（城）镇发展指数报告》。基于国家政策的变化，2021年，我们将不再研究特色小城镇，而是仅聚焦特色小镇发展指数研究和综合评价工作，出版的研究报告正式更名为《中国特色小镇发展指数报告》。

"特色小镇"概念自提出以来，就受到了社会各界人士的广泛关注，全国各地特色小镇建设硕果累累，成绩斐然，在脱贫攻坚、乡村振兴、城乡融合、城市更新、创新创业等方面作出了巨大贡献，成为人才集聚、产业创新、政策突破的重要平台和抓手。当前，中国特色小镇建设已经走过摸索、探索和试错的发展阶段，进入健康、规范和高质量发展阶段。

为促进特色小镇健康发展，2020年9月，国务院办公厅转发国家发展改革委《关于促进特色小镇规范健康发展的意见》，该意见对下一阶段推动特色小镇高质量发展进行了全面部署，首次提出以各省份为单元，对全国特色小镇全面实行清单管理，并重申了5条底线红线，即严格节约集约利用土地，严格控制高耗能、高污染、高排放企业入驻，严防地方政府债务风险，严控特色小镇房地产化倾向，严守安全生产底线。国家发展改革委规划司有关负责人表示，对于符合条件的特色小镇建设项目，不仅可以纳入新型城镇化建设的资金支持体系，还将在用地需求等方面予以更好保障。

"十四五"时期，特色小镇建设将全面实施省级清单制，即只有进入各省级特色小镇名单，才可能成为真正意义上的特色小镇，才能享受国家发展改革委牵头制定的政策优惠，那些自我命名的特色小镇或其他部委原来认定的特色小镇将重新评审。特色小镇建设的省级清单制是国家发展改革委关于特色小镇建设的最新精神，是促进我国特色小镇健康发展、规范发展、高质量发展的重要举措，是特色小镇建设正本清源、回归价值的过程，也是那些一哄而上、一哄而散的特色小镇建设主体被迅速出清的一个过程。这将为特色小镇建设扫清障碍、清除杂音，提供更大的发展空间，并促进特色小镇建设在乡村振兴、脱贫巩固、城市更新和科技创新等方面贡献更大的力量。

《中国特色小（城）镇发展指数报告》自 2018 年首次发布，至今已是第四个年头，报告编制团队对中国特色小镇的发展状况进行了持续深入的跟踪与分析，在覆盖特色小镇发展基本内核指标的基础上，还爬取了相关的网络舆情数据，分为"宜业""宜居""宜游"三大模块进行专题分析，全面系统地揭示了特色小镇综合发展水平。研究表明，全国特色小镇空间布局更加合理、生产生活生态融合更加明显、对就业和区域经济发展效应更加凸显、对吸引高端人才集聚更加有力、对产业创新促进形式更加多样，特色小镇已经成为新时代最具政策集成发力的高效平台。

潮平两岸阔，风正一帆悬。中国特色小镇类型多样、模式丰富、问题复杂，需要在实践中不断总结提升。编制出版《中国特色小镇发展指数报告》是一种理论、政策与实践交相呼应、相互促进、共同提升的有效手段，在不断提升特色小镇建设水平、探索特色小镇新发展模式、推进特色小镇治理现代化等方面能作出巨大贡献。未来，我们将继续以指数报告为载体，秉承"科学、严谨、前瞻、专业"的研究理念，不断扩大研究成果，为国内外各界人士认识与把握特色小镇发展态势提供一手参考资料，提供有价值的决策支撑，在中国特色小镇建设实践中发挥更大的指导作用。

张晓欢

2021 年 5 月于国务院发展研究中心

前言

　　杭州数亮科技股份有限公司联合中国标准化研究院、中国城镇化促进会等机构，于 2019 年承接了国家发展改革委发展战略和规划司关于委托研究特色小镇标准体系的课题。课题组深入学习领会特色小镇政策性文件内涵和导向，发挥专业优势，深化文献研究，广泛实地调研，高质量完成了课题研究工作。在此课题报告等研究成果的基础上，杭州数亮科技股份有限公司联合国务院发展研究中心·东方文化与城市发展研究所，于 2018—2020 年连续三年出版了《中国特色小（城）镇发展指数报告》。

　　2021 年，杭州数亮科技股份有限公司会同国信中小城市指数研究院等成立课题组，继续出版《中国特色小镇 2021 年发展指数报告》，秉承"科学、严谨、前瞻、专业"的思路，持续做好特色小镇发展指数的分析测算，为各有关行业领域了解特色小镇规范健康发展状况，提供基础数据参考和有效研讨平台。

中国特色小镇发展指数课题组

2021 年 5 月

摘要

　　自 2014 年首次提出"特色小镇"概念，经历"十二五""十三五"两个五年规划期，中国特色小镇建设已取得丰硕成果。我国特色小镇的发展经历了探索、培育、成长和高质量发展四个阶段，在国家政策的引导下，2020 年各地方政府不仅通过借鉴全国特色小镇典型经验，因地制宜出台相关政策，还认真鉴戒警示案例，整改或清理"问题小镇"，切实推进特色小镇的高质量发展。

　　2020 年特色小镇发展指数评价对象为"非镇非区"的特色小镇，特色小镇是指立足一定资源禀赋或产业基础，集聚高端要素和特色产业，具有特色文化、特色生态和特色建筑，生产、生活、生态空间相融合，产业特而强、功能聚而合、形态小而美、机制新而活的创新创业平台。从特色小镇的建设规划目标、功能定位以及考核评价目的出发，指标体系分别从宜业、宜居、宜游三大方面展开，共包括 19 个细化指标。

　　特色小镇发展指数按照功能设计分为动态发展指数和小镇评价指数，分别用于呈现特色小镇动态发展趋势和比较小镇间的建设水平差异。特色小镇动态发展指数采用定基指数的编制方法，选择 2018 年作为基准期，对比计算得到 2019 年、2020 年的指数，反映各小镇、各省份及全国特色小镇建设发展的水平和趋势。特色小镇评价指数采用功效系数法进行编制，根据各特色小镇 2020 年的指标数据进行指数测算，横向比较各小镇建设水平的差异程度，可对小镇进行排名。

特色小镇发展指数的研究结果表明，特色小镇是在新的历史时期、新的发展阶段下的新型城镇化的创新探索与成功实践。2020 年特色小镇动态发展总指数连创新高，三大分项指数值持续上涨；从特色小镇评价指数来看，入选 50 强的特色小镇地区发展更加均衡；七大产业类型小镇发展各有千秋，其中制造产业类和文化旅游类特色小镇占比较高；此外，经过市场洗礼与规范整顿，已有一部分特色小镇进入了高质量发展的新阶段。

在数字赋能、经济高质量发展的大背景下，中国特色小镇在健康、稳定、可持续发展的过程中，也遇到了一些新的问题和挑战。针对现阶段特色小镇发展存在的缺少融资渠道、投资回报周期长、人才荒、土地资源短缺、小镇建设受限制、"产城融合"不到位等问题，我们就如何促进特色小镇健康发展提出了四个方面的对策与建议。为解决特色小镇融资难问题，应当创新投融资体系，引导社会资本与政府资本相结合；针对人才资源匮乏的问题，应当不断完善配套基础设施，制定激励政策吸引人才；对于土地资源短缺的问题，应加强土地资源的集约利用；面对"产城融合"不到位的问题，应科学合理布局特色小镇空间，实现生产与生活的兼容，营造宜居宜业的良好氛围。

目录

第二篇

中国特色小镇发展指数分析及对策研究

第三篇

中国特色小镇 50 强荟萃

第
一
篇

中国特色小镇发展研究

第一章
2020 年中国特色小镇
政策研究与发展动向

一、国家层面政策研究及探析

在"十二五""十三五"两个五年规划期间，中国的特色小镇建设硕果累累，成绩斐然。但在数字赋能、经济高质量发展的大背景下，中国特色小镇在健康、稳定、可持续发展的过程中，也遇到了一些新的问题和挑战，部分特色小镇存在产业定位不清晰、"产城融合"出现偏差、政府与市场边界不清等问题。

为进一步引导特色小镇规范健康发展，2020 年 6 月，国家发展改革委办公厅发布了《关于公布特色小镇典型经验和警示案例的通知》。一方面，为强化特色小镇典型示范工作，在 2019 年推广 16 个精品特色小镇的"第一轮全国特色小镇典型经验"的基础上，该通知分别从"聚力发展主导产业""促进产城人文融合""突出企业主体地位""促进创业带动就业""完善产业配套设施""承接改革探索试验"六个切入点阐述了来自 20 个精品特色小镇的"第二轮全国特色小镇典型经验"；另一方面，该通知通报批评了"虚假特色小镇""虚拟特色小镇""触碰红线的特色小镇"三类警示案例。通过具有警示效应的案例，督促各地区全面推动规范纠偏和自查自纠，淘汰整改"问题小镇"，着力引导特色小镇走上理性发展轨道。该通知指出，推进特色小镇高质量发展，需要落实监督管理责任，统筹推进典型示范和规范纠偏，各地区不仅要积极借鉴典型经验，因地制宜建设小镇，也要认真鉴戒警示案例，整改或清理"问题小镇"。该通知首次列举了一些特色小镇警示案例，将淘汰整改"问题小镇"作为国家层面对小镇高质量发展的宏观调控重点，这是与往年不同的重要亮点，表明在今后特色小镇的建设工作中，将更重视发展与规范的关系，突出正面激励与负面纠偏"两手抓"的方针。

2020 年 9 月，国家发展改革委发布《关于促进特色小镇规范健康发展的意见》，明确了特色小镇规范健康发展的指导思想、基本原则，提出"准确把握发展定位""聚力发展主导产业""促进产城人文融合"等七项主要任务。该意见强调国务院各部门要加强激励引导，对特色小镇发展各方面予以支持；各省级人民政府要强化主体责任，对本省份特色小镇实行清单管理，择优予以倾斜支持；地方各级政府要加强规划管理，严守土地利用、生态保护、安全生产的红线，强化底线约束，同时及时纠偏纠错，对不合格的小镇予以整改或淘汰。要加强对特色小镇发展的顶层设计、激励约束和规范管理，既是对《关于公布特色小镇典型经验和警示案例的通知》中规范特色小镇发展精神的细化补充，也是对《关于建立特色小镇和特色小城镇高质量发展机制的通知》中特色小镇建设规范纠偏机制的充实完善。

2020 年国家出台的关于特色小镇建设的政策文件，重点都放在加强对特色小镇发展的顶层设计、激励约束和规范管理上，对特色小镇建设提出了更高要求，为特色小镇下一阶段的高质量发展指明了方向。

二、地方层面政策研究及探析

在国家政策的引导下，各地政府积极响应，在借鉴全国特色小镇典型经验的同时，因地制宜出台相关政策以积极推进当地特色小镇建设。省级特色小镇政策汇总如表 1-1 所示。

表 1-1　特色小镇省级层面政策

省份	相关政策与文件	出台日期
云南省	《云南省民族宗教事务委员会关于命名挂牌第二批云南省少数民族特色村寨和首批云南省少数民族特色小镇的通知》	2019 年 12 月
安徽省	《安徽省特色小镇建设领导小组办公室关于公布 2019 年度省级特色小镇创建和试验名单的通知》	2019 年 12 月
四川省	《四川省文化旅游特色小镇评选办法》	2020 年 3 月
贵州省	《贵州省体育局关于开展创建景区体育旅游示范基地、城镇体育旅游示范基地和体育特色小镇建设工作的通知》	2020 年 4 月
浙江省	《关于开展省级特色小镇第六批创建、第五批培育对象申报工作的通知》	2020 年 3 月
	《关于组织开展第二批高新技术特色小镇申报及第一批高新技术特色小镇评价工作的通知》	2020 年 11 月
江西省	《江西省 2020 年新型城镇化建设和城乡融合发展重点任务》	2020 年 6 月
	《江西省城乡融合发展工作领导小组办公室关于开展第三批省级特色小（城）镇创建申报工作的通知》	2020 年 7 月
江苏省	《关于开展江苏省级特色小镇"创新创业"大赛项目申报的通知》	2020 年 6 月
	《关于印发江苏省级特色小镇验收命名办法的通知》》	2020 年 7 月
河南省	《河南省林业局关于印发河南省黄河流域森林特色小镇、森林乡村建设工作方案（2020—2025 年）的通知》	2020 年 7 月

各省结合本地实际，探索特色小镇多种发展模式，出台针对性政策文件。云南省注重建设有传统民族风格的特色小镇，强调在特色小镇建

设过程中要促进民族团结、加强乡村治理、突出民族特色、加大宣传力度。2019 年 12 月，云南省出台《云南省民族宗教事务委员会关于命名挂牌第二批云南省少数民族特色村寨和首批云南省少数民族特色小镇的通知》，将习近平总书记关于民族工作的重要论述落实在特色小镇建设实践中，经过择优推荐、严格评选、社会公示，打造了一批"留得住乡愁"的少数民族特色小镇。

2019 年 12 月，安徽省出台《安徽省特色小镇建设领导小组办公室关于公布 2019 年度省级特色小镇创建和试验名单的通知》，着力推动省级特色小镇加快建设，要求特色小镇要在特色内涵上正本清源，在产业发展上深耕厚植，在功能建设上聚集融合，在后续管理上严格规范，在主体责任上落实到位。

四川省深入挖掘和保护利用本地特色文旅资源，积极促进文旅与其他产业融合发展，推动文旅产业科学发展、转型发展、跨越发展。2020年 3 月，四川省出台《四川省文化旅游特色小镇评选办法》，着眼于文旅产业与特色小镇建设的融合，规定了文化旅游小镇的申报条件、评选程序、激励政策、监督管理等内容。

贵州省为推进体育旅游示范区创建工作，将体育特色小镇的建设作为体育旅游产业发展的重要手段。2020 年 4 月，贵州省出台《贵州省体育局关于开展创建景区体育旅游示范基地、城镇体育旅游示范基地和体育特色小镇建设工作的通知》，明确贵州省体育特色小镇申报的程序与要求，对相关扶持政策进行了说明。

浙江省以"把特色小镇打造成全面践行新发展理念、率先实现高质量发展的高端平台"为目标定位，全力打造产业更特、创新更强、功能更全、体制更优、形态更美、辐射更广的新型特色小镇，于 2020 年 3

月、11 月先后出台《关于开展省级特色小镇第六批创建、第五批培育对象申报工作的通知》与《关于组织开展第二批高新技术特色小镇申报及第一批高新技术特色小镇评价工作的通知》，明确新一批特色小镇创建名单与培育名单的申报条件与程序，同时，为了更好地扶持高新技术发展，充分发挥科技创新支撑和引领作用，对高新技术特色小镇的申报与评优条件要求也进行了规定。

江西省将特色小镇建设视作加快推进新型城镇化和城乡融合发展工作的重要环节，于 2020 年 6 月、7 月先后出台《江西省 2020 年新型城镇化建设和城乡融合发展重点任务》与《江西省城乡融合发展工作领导小组办公室关于开展第三批省级特色小（城）镇创建申报工作的通知》，提出加快实施以促进人的城镇化为核心、提高质量为导向的新型城镇化，并将特色小（城）镇的建设作为提高农业转移人口市民化质量、优化城镇化空间格局、提升城市综合承载能力、加快推进城乡融合发展的重要途径，对省级特色小（城）镇的申报程序与条件进行了规定。

江苏省积极引导省级特色小镇加快构建创新创业载体，高质量发展建设特色小镇，于 2020 年 6 月、7 月先后出台《关于开展江苏省级特色小镇"创新创业"大赛项目申报的通知》与《关于印发江苏省级特色小镇验收命名办法的通知》，以高标准验收与加强创新创业激励促进特色小镇高质量发展。

河南省深入贯彻落实习近平总书记关于黄河流域生态保护和高质量发展的重要指示，建设森林特色小镇推动沿黄地区农村人居环境整治和乡村振兴战略实施，于 2020 年 7 月出台《河南省林业局关于印发河南省黄河流域森林特色小镇、森林乡村建设工作方案（2020—2025 年）的通知》，要求森林特色小镇建设要立足于森林资源、自然风光和历史人文资源优势，突出地方特色，以高标准造林绿化、多功能林业生态服务为依托，着力打造生态绿化特色小镇。

在各省份发布的省内指导政策意见之下，全国部分副省级与地级城市根据当地实际情况与发展要求，也出台了一系列具体政策推进特色小镇建设。市级特色小镇政策汇总如表 1-2 所示。

表 1-2　特色小镇市级层面政策

地区	相关政策与文件	出台日期
黄山市	《2020 年黄山市特色小镇建设工作要点》	2020 年 4 月
哈尔滨市	《哈尔滨机器人特色小镇创建规划》	2020 年 7 月
江门市	《江门市特色小镇发展规划（2020—2035 年)》	2020 年 8 月
丽水市	《高质量推进丽水市特色小镇 2.0 版建设实施意见》	2020 年 9 月
	《丽水市特色小镇"争先创优大比武"活动实施方案》	2020 年 12 月
运城市	《关于印发运城市促进特色小镇规范健康发展的意见》	2020 年 11 月

在安徽全省加速推进特色小镇建设背景下，黄山市于 2020 年 4 月出台《2020 年黄山市特色小镇建设工作要点》，表示要扎实推进市级特色小镇建设工作，适应省级特色小镇开放式申报要求，制定落实创建标准，主动加强与省对接，在落实"省统筹"要求基础上，健全完善"市指导、县主体、镇落实"推进机制，加快特色小镇重点项目建设，争创省级特色小镇。

哈尔滨市于 2020 年 7 月出台《哈尔滨机器人特色小镇创建规划》，提出要以哈工大机器人集团为核心创建机器人特色小镇，力争到 2025 年打造成为全国领先的五大机器人配套产业集群之一，建设成一个机器人产业集聚、欧陆风情宜居且具有北方生态特色的机器人特色小镇。

根据国家和广东省关于推进新型城镇化建设、加快特色小城镇建设以及特色小镇高质量发展等相关指导文件，为加快江门市特色小镇建设，江门市于 2020 年 8 月编制了《江门市特色小镇发展规划（2020—2035 年）》，预计到 2035 年，累计在全市范围培育建设 20 个左右特色小镇，力争 10 个（含）以上小镇通过广东省命名验收，正式成为省级特色小镇。

丽水市响应浙江省号召，将特色小镇视为推进诗画浙江大花园最美核心区建设的重要载体与全面践行"丽水之干"的重要窗口，2020 年 9 月、12 月先后出台《高质量推进丽水市特色小镇 2.0 版建设实施意见》与《丽水市特色小镇"争先创优大比武"活动实施方案》，结合丽水实际，对小镇建设规划谋划、招商引资、项目推进、形象塑造等方面提出更高要求，加快推动特色小镇迭代升级。

为贯彻落实国家发展改革委《关于促进特色小镇规范健康发展的意见》，运城市于 2020 年 11 月出台《关于印发运城市促进特色小镇规范健康发展的意见》，强调要加强特色小镇建设管理，加快建设一流水准特色小镇。

自 2020 年以来，国家加强了对特色小镇发展的顶层设计、激励约束和规范管理，对特色小镇培育建设提出了规范健康的发展要求。在国家与各省份政策的宏观指导下，各地区结合当地实际情况，有针对性地发掘森林、民族村寨等有价值的资源，大力推进机器人制造业、旅游业等当地主导产业发展，建设培育个性鲜明的特色小镇，切实推进特色小镇的高质量发展。

第二章
中国特色小镇的发展

一、特色小镇相关概念由来

20 世纪 80 年代初，建筑学界逐渐将特色研究转向小镇建设上。费孝通多年来潜心对苏州市吴江县（现苏州市吴江区）进行全面调查，于 1983 年发表著名的《小城镇，大问题》重要报告。翌年，《瞭望》周刊摘选报告中的精华部分，并以《各具特色的吴江小城镇》为题进行刊发。此后话题持续发酵，20 世纪 90 年代中期，对于小城镇特色的研究引起了学术界的关注，小城镇独特的文化氛围、特殊的民族风格、地方优势资源、产业发展优势、空间独特性等都成了学术界讨论的重点。

产业界使用的"特色小城镇"或"特色小镇"一词一般与旅游业相关联，因为民族特色、地方特色、风光特色均是小城镇旅游的主要吸引点。

2014 年 10 月，在参观云栖小镇时，时任浙江省省长的李强提出："让杭州多一个美丽的特色小镇，天上多飘几朵创新'彩云'。"[1] 这是

---

① 《李强省长的"特色小镇"，怎么来？如何建？》，浙江在线，见 https://zjnews.zjol.com.cn/system/2015/01/28/020485903.shtml。

特色小镇概念首次被提及。2016 年 6 月，首届亚太经合组织城镇化高层论坛在宁波举行，此次论坛的主题是"城镇化与包容性增长"，在论坛上，浙江省提出了非镇非区的多功能创新空间新含义的城镇化模式新思路，即新型特色小镇，这个模式得到了与会各成员国的广泛关注。

2016 年 7 月，住房城乡建设部、国家发展改革委、财政部共同出台了《关于开展特色小镇培育工作的通知》。该通知指出，为了彻底落实国家相关部门所提出的发展特色小镇的具体要求，也为了提高我国城镇化的程度，住房城乡建设部、国家发展改革委、财政部等共同协作，展开关于特色小镇的建设和发展工作，从全国范围内引领带动小城镇建设，同时不断提高建设水平和发展质量。其中目标指出，到 2020 年，培育 1000 个左右各具特色、富有活力的休闲旅游、商贸物流、现代制造、教育科技、传统文化、美丽宜居的特色小镇，引领带动全国小城镇建设，不断提高建设水平和发展质量。至此，在国家层面上正式提出了"特色小镇"的概念，并付诸实践行动。

二、特色小镇的四个发展阶段

特色小镇建设的出发点和落脚点是为人民服务和满足人民多样化的需求。实践证明，特色小镇的发展是科学的、渐进的，目的是不断满足人民日益增长的美好生活需要。这一出发点和落脚点不仅顺应了政府职能转变的要求，也为特色小镇提供了相对自由的发展空间。

我国特色小镇的发展经历了从低到高四个阶段。

（一）探索阶段

2014 年 5 月，习近平总书记在河南考察时首次提出"新常态"，以概括我国经济发展新阶段，相应地我国城镇化进程也进入中后期，城市发展方式亟待转变。

2014 年 10 月，时任浙江省省长李强参观云栖小镇，首次公开提及"特色小镇"。2015 年 4 月，浙江省人民政府出台《关于加快特色小镇规划建设的指导意见》，明确浙江特色小镇规划建设要聚焦信息经济、环保、健康、旅游、时尚、金融、高端装备制造等支撑未来发展的七大产业，兼顾茶叶、丝绸、黄酒、中药、青瓷、木雕、根雕、石雕、文房等历史经典产业，坚持产业、文化、旅游"三位一体"和生产、生活、生态融合发展。同时，还明确了特色小镇原则上 3 年内要完成固定资产投资 50 亿元左右（不含住宅和商业综合体项目），金融、科技创新、旅游、历史经典产业类特色小镇投资额可适当放宽，淳安等 26 个加快发展县（市、区）可放宽到 5 年。所有特色小镇要建设成为 3A 级以上景区，旅游产业类特色小镇要按 5A 级景区标准建设。支持各地以特色小镇理念改造提升产业集聚区和各类开发区（园区）的特色产业。

在特色小镇发展初期，便明确了特色小镇是一种"相对独立于市区，具有明确产业定位、文化内涵、旅游和一定社区功能的发展空间平台，区别于行政区划单元和产业园区"的新型经济社会组织形态。2015年 12 月，习近平总书记对浙江特色小镇作出批示，指出特色小镇对产业转型、新型城镇化具有重要作用。一些学者随后提出培育供给侧小镇经济，至此，特色小镇兴起建设热潮，逐渐有了具体的创建程序、政策措施。

（二）培育阶段

在培育阶段，为了引领带动特色小镇发展建设，国家和政府积极出台相关扶持政策以及规划文件，助力特色小镇健康发展。同时，各省市积极响应国家政策，各种主题的特色小镇如雨后春笋般在全国各地涌现。

2016年7月，住房城乡建设部、国家发展改革委、财政部共同出台的《关于开展特色小镇培育工作的通知》提出培育特色小镇，引领带动全国小城镇建设。此后，甘肃、安徽、辽宁、河北、山东、内蒙古、天津等省（自治区、直辖市）出台特色小镇政策文件，在过去本省小城镇建设的基础上推出特色小镇的升级版。其中，福建、河北、山东原则上采用了浙江模式，其他省份则采取了各具特色的模式。

2016年10月，住房城乡建设部公布了第一批特色小镇名单，包括北京市房山区长沟镇等127个镇。2017年7月，住房城乡建设部公布了第二批特色小镇名单，包括北京市怀柔区雁栖镇等276个镇。经过整理分析，生态旅游型的特色小镇数量为155个，占总数的38.5%；其次为历史文化型特色小镇，数量为97个，占比为24.1%。随着各地区特色小镇建设的推进，概念混淆、认识混淆、质量不高等问题也逐渐暴露，规范纠偏、淘汰整改工作势在必行。2017年12月，国家发展改革委等四部门印发的《关于规范推进特色小镇和特色小城镇建设的若干意见》将第一、二批公布的403个具有行政建制镇性质的"全国特色小镇"正式更名为"全国特色小城镇"。

与此同时，地方政府为响应国家的号召，制定相关规划，指引特色小镇建设。特色小镇作为加快建设新型城镇化的重要突破口和推进供给侧结构性改革的重要平台，其建设是推进经济转型升级、加快供给侧结构性改革的一项重要举措。地方政府除了在政策上给予支持外，还提供了奖金奖励、财政补助、基金支持、税务优惠等金融支持。例如，河北省在专项资金、投资基金、奖金奖励三方面提供支持，鼓励本省打造因地制宜且极具特色的小镇。

在特色小镇发展的培育阶段，一方面，注重实现文化功能、生态功能和社区功能的创新融合。与传统产业集群不同，特色小镇的产业培育形成了以多元化产业集群为核心的"中心＋多元化"集群格局。产业集群催生了专业市场，专业市场的繁荣又促进了产业集群的进一步发展。它们相互补充，相互促进。另一方面，强调发挥区域特色、文化特色、自然环境特色的优势，建立综合产业区，促进区域经济发展。在特色小镇发展过程中，同时要求保护好区域生态系统，协调好产业发展与生态环境之间的关系。

（三）成长阶段

特色小镇作为新型城镇化建设和发展的主要破题手段与措施，具有文化、产业以及社区服务等方面的功能要求。经历了探索和培育阶段，各方参与特色小镇建设的热情高涨；但进入成长阶段后，特色小镇在规划建设与发展过程中，因定位不清晰、不准确，导致市场缺乏竞争力，照搬照抄等问题普遍存在，最终造成了部分特色小镇同质化现象严重。与此同时，部分地区在规划建设特色小镇过程中，过分关注产业发展和经济建设，严重忽略了人居环境与绿色建筑的融合及可持续发展，导致特色小镇规划建设中出现了部分功能联动较差的现象，特色小镇发展进程中也出现了一些新的问题。

为规范特色小镇的培育建设，助力特色小镇健康发展，2018 年 8 月，国家发展改革委办公厅发布了《关于建立特色小镇和特色小城镇高质量发展机制的通知》，指出以引导特色产业发展为核心，以严格遵循发展规律、严控房地产化倾向、严防政府债务风险为底线，以建立规范纠偏机制、典型引路机制、服务支撑机制为重点，加快建立特色小镇和特色小城镇高质量发展机制，释放城乡融合发展和内需增长新空间，促进经济高质量发展。

2020年9月，国务院办公厅转发国家发展改革委《关于促进特色小镇规范健康发展的意见》，指出近年来出现了部分特色小镇概念混淆、内涵不清、主导产业薄弱等问题。针对部分特色小镇发展中概念混淆的问题，国家发展改革委有关负责人指出，促进特色小镇规范健康发展的大前提，是准确理解特色小镇的概念内涵。特色小镇是现代经济发展到一定阶段的产物，是规划面积一般为几平方千米的微型产业集聚区，既非行政建制镇也非传统产业园区，具有细分高端的鲜明产业特色、产城人文融合的多元功能特征、集约高效的空间利用特点，在推动经济转型升级和新型城镇化建设中具有重要作用。因此，特色小镇必须以微型产业集聚区为空间单元进行培育发展，切不可将行政建制镇和传统产业园区命名为"特色小镇"。与此同时，要准确把握特色小镇的区位布局，应当主要在城市群、都市圈、城市周边等优势区位或其他有条件区域进行培育发展。建议立足不同地区经济发展阶段和客观实际，遵循经济规律、城镇化规律和城乡融合发展趋势，不下指标、不搞平衡，控制数量、提高质量，防止一哄而上、一哄而散。

此次意见的出台，旨在以清晰界定特色小镇概念内涵和发展定位为前提，加强对特色小镇发展的顶层设计，健全激励约束机制和规范管理机制，引导各地区各有关部门和市场主体发挥要素成本低、生态环境好、体制机制活等优势，有力有序有效推进特色小镇高质量发展，打造经济高质量发展的新平台、新型城镇化建设的新空间、城乡融合发展的新支点、传统文化传承保护的新载体。为全面做好"六稳"工作、落实"六保"任务提供抓手，为实施扩大内需战略和新型城镇化战略提供支撑。

（四）高质量发展阶段

建设高质量的特色小镇有助于促进城乡深度融合，带动传统产业转型升级，以及促进历史文化传承保护等。这就要求特色小镇由最初的简单追求经济规模效应，向内涵式、永续发展新模式转变。

2021 年是"十四五"的开局之年，已经有一部分特色小镇正朝着高质量发展的征程进发。以浙江省为例，2021 年浙江省政府工作报告指出，实施数字经济"一号工程"2.0 版，将成为浙江省"十四五"开局之年的重点工作之一。浙江省全面部署数字化改革，为"重要窗口"建设增添新动能。在此背景下，数字经济相关的浙江特色小镇也成为媒体关注的重点。从 2021 年 1 月浙江特色小镇传播指数榜单看，余杭区梦想小镇在第一个月登上榜首，西湖云栖小镇紧随其后，滨江区物联网小镇排名第三。可以看出，排名前三的小镇都和数字经济紧密相关，例如云栖小镇提出了新目标：打造数字经济的突破地、实践地和触媒地，奋力建设全国数字经济第一镇。

在高质量发展阶段，涌现出了一批先进要素集聚、产业高精特专、产城人文融合、体制机制创新的精品特色小镇。实践证明，特色小镇的发展是渐进的、遵循科学的，将不断满足人民日益增长的美好生活需要。这一出发点和落脚点不仅顺应了政府职能转变的要求，也为特色小镇的发展提供了开放的广阔空间。

第三章
特色小镇发展的示范效应

目前，全国特色小镇建设已经进入新一轮规范发展的"深水区"。近年来，一些地区大胆探索，打造出了一批具有特色产业、环境优美、宜业宜居的特色小镇，彰显出了鲜明的独特性和旺盛的生命力。但是，也有一些地区在特色小镇推进过程中，出现了概念不清、定位不准、急于求成、盲目发展、市场弱化等问题，更有甚者存在政府债务风险加剧和"房地产化"的苗头。因此，如何根据地方特色合理发展特色小镇，将是摆在每一位小镇建设者面前的重要课题。总结和推广典型特色小镇经验，引导全国范围内特色小镇高质量发展，对于推进产业转型升级、加快新型城镇化建设和做精做强区域特色经济等具有重要意义。

一、突出产业特色优势，形成集群、集约、规模的小镇特色产业模式

特色小镇是以特色产业和产业文化为核心来建设与培育的。对于特色小镇而言，产业就是立足之本，许多优秀特色小镇便是从壮大特色产业入手来寻求发展的。浙江省特色小镇建设十分强调特色产业的培育，特色产业项目投资占比不得低于总投资的70%。在创建、培育的申报

阶段就对不同主导产业的特色小镇区分标准进行考核，例如，要求所有特色小镇规划建成 3A 级以上景区，旅游产业特色小镇需按 5A 级景区规划，高新技术特色小镇则需在考核评价阶段完成"四高"目标。

浙江省对特色小镇特色产业培育的重视取得了明显成效，2019年浙江省级特色小镇平均拥有高新技术企业 11.2 家，占全省总量的12.7%，以全省 1.8% 的建设用地面积，贡献了全省 7.9% 的工业企业营业收入和 6.5% 的税收收入，将小镇产业做到了"特而强"。其中，浙江省宁波市膜幻动力小镇还作为"聚力发展主导产业"的代表入选了"第二轮全国特色小镇典型经验"，创造近 400 项发明专利，形成从基膜到功能膜的完整产业链，并完成了进口替代。

陕西、山西、江苏等省份则出台政策进一步优化和完善运动休闲特色小镇的建设规划与管理，要求突出体育主题，形成产业链和服务圈。此外，文化旅游特色小镇的建设也是陕西省特色小镇建设的重点之一，其中，陕西省西安市大唐西市小镇将盛唐文化和丝路文化旅游定位为主导产业，围绕文旅主题，聚焦城市服务经济，形成了文化旅游、文化创意、文化贸易、文化金融、文化科技等特色产业链条，每年旅游收入达10 多亿元。四川省也出台了文化旅游特色小镇评选办法，促进文化和旅游与其他产业融合发展，积极推动文化旅游供给侧结构性改革，加快培育具有四川特色的文化旅游小镇。

二、突出功能多元融合，创造高品质的生活空间和优美宜居的生态环境

特色小镇若要追求高质量发展，在特色产业规模扩大的同时，作为

新型社区，还需要实现多元参与、体制开放、协同共享的社区或社会治理模式。以人民为中心，依托特色产业和地方性，在产业集聚的空间内，形成彼此互嵌又功能叠加的多元社区，实现要素的充分发酵，构建具有生命力的本地社区是特色小镇建设思想的出发点。作为生活空间以提供人类居住、消费、休闲和娱乐等为主导功能，根本目的是形成良好的人本氛围，实现为人民服务的功能。

浙江省是习近平总书记"两山"理论的发源地，浙江省在特色小镇的规划、建设和评估验收中，始终坚持"三生融合"的设计建设理念：在强调以特色产业转型升级为核心的"生产"理念的同时，注重完善配套服务设施的"生活"理念和绿色环保的"生态"理念，使浙江特色小镇的建设成为全国特色小镇建设的范本，如古堰画乡小镇注重打好"五水共治""六边三化三美"等转型升级组合拳，通过路边铺绿、节点造景等方式为游客提供舒适的旅游环境。河南省出台森林小镇建设方案，突出自然环境优势和宜居宜业方向，务求森林资源与产业发展相融合，注重改善民生，体现出现代化、生态化和人性化的特点，河南省林业局还设立森林特色小镇和森林乡村"示范村"建设专项扶持资金对各类林业项目予以支持。

三、突出市场主导方向，转变政府职能，提高资源配置效率

建设特色小镇既要凸显企业主体地位，充分发挥市场在资源配置中的决定性作用，又要加强政府引导和服务保障，在规划编制、平台搭建、机制保障、服务提供等方面更好地发挥作用。通过市场化运作模

式，让市场和企业以更专业化的视角和手段，建设、运营特色小镇，对于特色小镇可持续发展至关重要。

浙江省在发展特色小镇过程中，充分发挥企业主体作用，激发企业投资热情；引导企业项目落地；政府则当好"谋划者、改革者、服务者"，重在优化营商环境，为企业提供"店小二式"服务。山东省在特色小镇建设过程中因地制宜打造特色鲜明的主导产业，同时坚持深化"放管服"改革，优化政府服务打造良好营商环境，借此积极引入社会资本，吸引龙头企业、产业链条短板企业入驻特色小镇，集聚发展推动特色产业优化升级。其中，山东省日照市奥林匹克水上运动小镇建设坚持"政府引导、企业主导、市场运作、产业跟进"的发展思路，在市发展改革委、市体育局、东港区政府的支持下，同时依靠社会力量办体育，吸引了 20 多家体育企业入驻发展，举办了 40 多项省级以上赛事，每年承接2000 多名专业运动员参赛。

第
二
篇

中国特色小镇发展指数分析
及对策研究

第四章
中国特色小镇发展指数解析

一、特色小镇发展指数编制意义

（一）通过指数编制与发布，展现特色小镇发展动态

特色小镇作为新型城镇化建设中的重要一环，目前还存在发展质量不高，生产、生活布局不合理，地区发展不平衡等诸多问题。当前仍缺少足够的数据资料来全面刻画其发展状况，通过编制特色小镇发展指数，可以及时、客观、科学地记录并反映中国特色小镇发展现状及运行轨迹。特色小镇发展指数以数据来衡量特色小镇建设带来的成效，通过建立科学的指标体系，研究和评估各地区、各类型特色小镇的建设发展水平，并分析评价影响特色小镇发展的动因，为后续解决特色小镇建设发展可能出现的问题提供数据支撑和理论依据，为加快特色小镇建设发展及实现新的跨越提供了"风向标"和"晴雨表"，以科学引导各地特色小镇建设的具体实践活动。

（二）强化考核评价意识，推动监督与评价机制的建立

中央在对建设特色小镇的相关指导文件中明确了要坚持"政府引导，

市场主导"的模式。政府可以通过制定合理的政策、科学的监管体系，引导监督企业在特色小镇建设中发挥主力军作用；政府还可以通过科学合理的规划以及构建评价机制，严格把控特色小镇建设的全流程。特色小镇发展指数在总体上反映了各地区、各类型特色小镇建设发展动态，对于各地区来说，通过特色小镇发展指数和各分类指数的比较研究，能够清晰地反映特色小镇建设的成效及短板，揭示各地区、各类型特色小镇发展的比较优势与薄弱环节，为政府监管特色小镇建设与发展过程、出台相关支持和监管政策、评估政策实施效果提供数据支撑，推动特色小镇建设监督与评价机制的建立。

（三）助力打造经济高质量发展新平台，促进特色小镇健康发展

特色小镇发展指数的推出，有利于将特色小镇的内涵与理念延伸至各市场主体与社会公众。全方位、多视角的指数分析报告将数据分析结果可视化，更能让特色小镇建设发展成果直观地为人们所了解，可以加深各市场主体与社会公众对特色小镇这一新型经济平台的高度认识，从而可激发各市场主体及社会公众的参与积极性，吸引更多的社会资本进入特色小镇，提升特色小镇建设水平，促进特色小镇健康发展。

二、特色小镇发展指数的评价指标体系

2020 年特色小镇发展指数评价对象为"非镇非区"的特色小镇，特色小镇是指立足一定资源禀赋或产业基础，集聚高端要素和特色产业，具有特色文化、特色生态和特色建筑，生产、生活、生态空间相

融合，产业特而强、功能聚而合、形态小而美、机制新而活的创新创业平台。从特色小镇的建设规划目标、功能定位以及考核评价目的出发，指标体系分别从宜业、宜居、宜游三大方面展开，共包括 19 个细化指标（见表 4-1）。

表 4-1　特色小镇评价指标体系

模块	具体指标	单位
宜业	（1）特色产业产出占比	％
	（2）国地税总收入	亿元
	（3）科技相关投入占总产出比重	％
	（4）特色产业固定资产投资额占比	％
	（5）已入驻企业数	家
	（6）大专以上学历人员数占比	％
	（7）当年孵化并转移小镇外生产经营的企业数	家
宜居	（8）占地面积	亩
	（9）小镇内常住人口数	人
	（10）人均可支配收入	元
	（11）小镇公共区域免费 WiFi（5G）覆盖率	％
	（12）小镇内各类酒店宾馆数	个
	（13）小镇内餐饮服务点数	个
	（14）小镇及周边 1 千米教育机构数	家
宜游	（15）绿化覆盖率	％
	（16）年接待游客人数	万人次
	（17）旅游产业增加值	万元
	（18）网络美誉度	—
	（19）绿地面积	平方米

宜业：特色小镇作为发展区域经济的重要载体和综合平台，其核心

在于引导特色产业发展，坚持产业立镇。特色小镇宜业模块细分指标侧重于产业发展与创新发展、人才引进以及企业成果转化等方面。

宜居：特色小镇的发展除了需要具备产业基础外，还要坚持以人为本，完善生活配套设施，提高居民幸福感。特色小镇宜居模块细分指标侧重于居民获得感、社区生活服务功能、社区智能化程度等方面。

宜游：特色小镇的建设要坚持绿色发展理念，严守生态红线，依托小镇的优美自然环境，挖掘和彰显当地人文特色与文化底蕴，加强产业与文化旅游功能的融合叠加。特色小镇宜游模块细分指标侧重于绿化覆盖以及旅游业产出等方面。

三、数据审核处理

为了确保数据的有效性、保证指数编制质量以及分析结果的准确性，在获取数据后需要对收集到的特色小镇数据进行审核，审核内容主要包括：

完整性审核。主要审核指标数据是否存在缺失值以及样本数据的缺失比例，剔除缺失比例超过一定值的样本个体。对于缺失比例不高的样本个体按照插值法进行插补、填充。

准确性审核。一方面，对数据可能产生的登记性错误进行审核，检查数据是否存在填写错误和计算错误，如单位填写错误、计算过程失误等。若发现逻辑上不合理、相互矛盾、超出合理范围或是填写计算错误的数据，则按照一定的标准和方法进行修正或剔除。另一方面，检查各指标数据之间是否符合逻辑常识，并配合一定的方法识别指标之间的相关关系，确定指标数值的合理取值范围。

四、特色小镇发展成果的指数分析

特色小镇发展指数按照功能设计分为动态发展指数和小镇评价指数，分别用于呈现特色小镇动态发展趋势和比较小镇间的建设水平差异。特色小镇动态发展指数采用定基指数的编制方法，选择 2018 年作为基准期，对比计算得到 2019 年、2020 年的指数，反映各小镇、各省份及全国特色小镇建设发展的水平和趋势。特色小镇评价指数采用功效系数法进行编制，根据各特色小镇 2020 年的指标数据进行指数测算，横向比较各小镇建设水平的差异程度，可对小镇进行排名。

（一）全国特色小镇建设日新月异

特色小镇是在新的历史时期、新的发展阶段下新型城镇化的创新探索与成功实践。近年来，我国特色小镇经过市场洗礼与规范整顿，进入了高质量发展的新阶段。以产业与品质为灵魂的特色小镇是解决我国城市发展差距过大矛盾、纵深推进城镇化建设的有力抓手，是践行高质量发展的新平台。

特色小镇动态发展指数通过对特色小镇宜业、宜居、宜游三个方面的动态监测，可以直观展示特色小镇历年发展变化情况，监测各小镇动态发展水平。

2019—2020 年，特色小镇动态发展指数连续两年大幅提升。从图 4-1 可以看出，特色小镇动态发展总指数连创新高，年均增速超过 25％。

建设特色小镇应以落实经济高质量发展、统筹推进区域协调发展、助力改善社会民生等作为战略目标，这其中包含着"宜业""宜居""宜游"的深刻内涵。从指数来看，三大分项指数运行走势相对均衡，累计增幅都在 50% 以上。其中，宜游发展指数遥遥领先，增速逐年加快，成为推动动态发展指数跃升的主要动力。2020 年，宜业、宜居、宜游发展指数分别报收 160.96 点、150.13 点、170.14 点，较 2019 年分别上涨 25.40%、23.55%、33.65%。特色小镇作为空间布局紧凑、形态优美、产业集聚高效的经济体，有利于驱动经济增长、扩大就业、增加居民收入，同时还能健全产业链条，促进要素融合。

图 4-1　2018—2020 年特色小镇动态发展指数

如图 4-2 所示，从各省份特色小镇动态发展指数情况来看，2020 年，8 个省份的特色小镇建设水平提升显著，指数值均超越 2019 年。

浙江省特色小镇建设工作卓有成效，从 2019 年的 130.34 点上涨至2020 年的 187.06 点，增速达到 43.52%，其中，宜游发展指数实现翻倍（见表 4-2）。以浙江省柯桥区蓝印时尚小镇为例，2020 年，该小镇一方面不断提升各项公共设施的完备性，提升小镇内生活、工作的便利性，比如扩大小镇公共区域免费 WiFi 的覆盖面积，引进各类酒店宾馆、餐饮等企业，在推进常住人口转化方面成效显著；另一方面，还通过各类媒体、公众频道加强小镇宣传，增加绿地面积，提升绿化覆盖率，小镇环境更加宜人，有效带动了当地旅游产业壮大发展，小镇旅游产值得到快速提升。

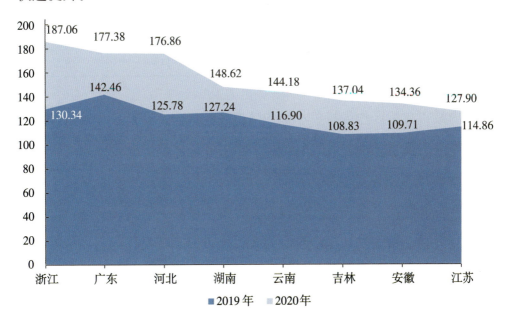

图 4-2 2019—2020 年各省份特色小镇动态发展指数

表 4-2 2020 年各省份特色小镇动态发展指数增速对比

单位：%

省份	总指数	宜业	宜居	宜游
江西	86.05	36.92	114.49	110.44
内蒙古	47.99	61.53	29.10	56.82
浙江	43.52	28.12	9.91	94.53
广东	24.51	36.11	17.21	17.66
河北	40.61	27.78	54.29	36.82

续表

省份	总指数	宜业	宜居	宜游
湖南	16.80	5.97	33.46	9.71
云南	23.34	28.10	28.46	12.12
吉林	25.93	40.23	13.08	26.08
安徽	22.47	4.72	14.45	55.13
江苏	11.36	13.30	11.98	8.36

内蒙古自治区作为特色小镇内陆地区的代表，在特色小镇建设方面的工作尤为值得关注，其经验也值得学习和探索。内蒙古典型的特色小镇就是哲里木湛露温泉康养小镇，2020 年在宜业发展方面取得长足进展，孵化并转移小镇外生产经营的企业数量增长一倍，科技相关投入比重连续提升，带动当地国地税收入大幅增长。小镇发挥湛露温泉天然医疗保健作用，依托通辽市蒙医药工程研究院、蒙药集团等产业基础，打造湛露温泉康养小镇，形成了以养生、医疗、健康管理、康复等为主要功能的现代蒙医药温泉康养全产业链。

特色小镇立足于经济发展、地方建设的需要，依托当地特色，发展相关产业，经过市场洗礼与规范整顿，在宜业、宜居、宜游三方面实现快速发展。2020 年，部分发展较好的特色小镇的模块指数如表 4-3 所示。

表 4-3　2020 年部分特色小镇分模块指数值

单位：%

省份	特色小镇名称	宜业	宜居	宜游
浙江	杭州市余杭区梦想小镇	159.09	111.67	222.64
江苏	苏州市太湖体育运动休闲小镇	135.37	114.81	103.16

续表

省份	特色小镇名称	宜业	宜居	宜游
湖南	益阳市安化县黑茶小镇	106.94	265.52	123.85
云南	文山州丘北县普者黑水乡	146.84	106.44	128.57
广东	佛山市禅城区岭南文荟小镇	109.98	137.58	69.53
江苏	无锡市江阴市新桥时裳小镇	129.65	160.71	131.66
广东	深圳市龙华区大浪时尚创意小镇	92.41	115.56	101.38
河北	廊坊市永清县云裳小镇	102.33	184.00	246.56

在宜业模块中，杭州市余杭区梦想小镇独占鳌头，从细分指标来看，小镇特色产业占比达到 90%，大专以上学历人员数占比为 100%，小镇多措并举，营造良好的就业氛围。在宜居模块中，排名第一的为益阳市安化县黑茶小镇，从细分指标来看，2020 年小镇公共区域免费 WiFi（5G）覆盖率相比于 2018 年有了较大的提升，餐饮服务点数也由 2018 年的 160 家提升至 2020 年的 185 家。在宜游模块中，廊坊市永清县云裳小镇表现亮眼，2020 年小镇的绿地面积达到 11 万平方米，云裳小镇服饰广场开业时间不久，就吸引了众多的来自北京、天津、山东、河南等地的客商和游客。

实践表明，特色小镇的建设在宜业、宜居、宜游"三位一体"、多措并举发展的工作推进中已取得了明显的成效。

（二）特色小镇发展更加均衡

为了衡量不同特色小镇发展水平，便于各个特色小镇进行横向比较分析，特色小镇评价指数采用功效系数法，根据各特色小镇 2020 年度的指标数据进行编制，并以此为依据，对特色小镇进行排名，形成 50

强榜单（见附表 1）。

2020 年，50 强特色小镇地区间分布均匀。从表 4-4 中 50 强特色小镇省份分布情况看，除了经济实力较突出的东南沿海地区之外，河北、湖南、内蒙古等内陆地区均有特色小镇入围 50 强榜单。

表 4-4　50 强特色小镇省份分布情况

序号	省份	入选小镇个数（个）
1	广东	8
2	安徽	7
3	江苏	7
4	浙江	7
5	河北	5
6	湖南	5
7	吉林	5
8	云南	3
9	内蒙古	2
10	江西	1
合计		50

注：浙江省部分特色小镇未参加本次评选。

从各省份的表现来看，2020 年，河北省充分考虑了"一环两带三轴"的区位特点，立足各地基础条件与特色优势，打造了一批具有承接疏解北京非首都功能和以京津创新成果转移转化、产业集聚、创新创业、文游融合等为主要功能的特色小镇，其中，有 5 个小镇入围 50 强，相较于 2019 年，增加了 3 席。长期以来，县域经济相对薄弱一直是湖南省发展的短板，自 2019 年起，按照工业、农业、文旅三个类别，湖南省遴选出 50 家省级特色小镇，做足产业文章，着力打造一批形态小而美、产业特而强、功能聚而合、机制新而活的特色小镇，助推区域经济实现高质量发展。如今的湖南特色小镇建设成果丰硕，2020 年在 50 强特色小镇榜单中占领 5 席。内蒙古自治区大力发展优势产业和特色产业，培育和发展乡村旅游业，特色小镇的建设翻开了新篇章，2020 年有 2 个小镇入选 50 强。广东、安徽、浙江等省份特色小镇在原有建设的基础上不断完善，奖优惩劣并行、指导规范并重，特色小镇建设呈稳步推进态势。

特色小镇发展区域差异减小。从榜单来看，50 强特色小镇的评价指数得分分布较为集中，各区域特色小镇发展趋向均衡。特色小镇发展初期，由于东西部地区经济基础、资源配置等各方面的差异，导致特色小镇的发展呈现出明显的"东部欢喜、西部忧"的现象。特色小镇起源于浙江省，是为了破解空间资源瓶颈、促进产业转型升级、改善人民居住环境、推进新型城镇化而生，在国家政策大力引导下，全国各地都在积极推进特色小镇建设，浙江省建设特色小镇的成功经验也被多次提名并推广至全国。

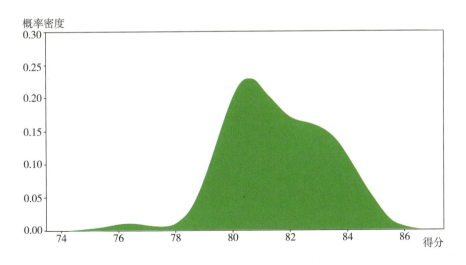

图 4-3　2020 年 50 强特色小镇评价指数得分概率分布图

如图 4-3 所示，通过概率分布图可以展示 50 强特色小镇评价指数得分的分布状态及概率密度。其中，横坐标为小镇评价指数得分，纵坐标为概率密度。2020 年 50 强特色小镇评价指数得分集中在 80—84 分，综合得分分布集中，东西部地区特色小镇的发展差异正在逐渐减小，高端与新兴产业基础较薄弱的中西部地区立足自身实际，依托丰富的自然资源稳步推进特色小镇建设，特色小镇不再是东南沿海的"专利"，而是为全国有发展条件的"小镇"提供了可借鉴的示范标杆与范本。

（三）部分特色小镇迈入高质量发展阶段

作为特色小镇建设中的佼佼者，50 强特色小镇的表现可圈可点。指数数据显示，浙江省杭州市余杭区梦想小镇以 84.46 分居 50 强榜单第一。余杭区梦想小镇依托浙大、阿里、浙商优势，顺应"互联网 +"的发展浪潮，以章太炎故居、"四无粮仓"深厚的历史底蕴和"在出世与入世之间自由徜徉"的自然生态系统为载体，通过建设"众创空间"、O2O 服务体系，"苗圃 + 孵化器 + 加速器"孵化链条，打造更富激情的创业生态系统。梦想小镇创业氛围日益浓厚，相继举办中国青年互联网创业大赛、中国互联网品牌盛典等活动 2031 场，参与人数达 25.64 万人次，2017 年被命名为"省级特色小镇"。

表 4-5 为余杭区梦想小镇近三年的数据情况。自 2015 年 3 月开园以来，余杭区梦想小镇集聚创业项目 2597 个，招引创业人才 21700 人；230 个项目获得 100 万元以上融资，融资总额达 131.72 亿元。梦想小镇建设经验更是被作为特色小镇建设的典型经验推广至全国。

表 4-5　余杭区梦想小镇近三年数据情况

小镇基本情况	2019 年 3 月（四周年）	2020 年 3 月（五周年）	2021 年 3 月（六周年）
集聚创业项目数（个）	1746	2203	2597
创业人才数（人）	15700	18800	21700
获得 100 万元以上融资额项目数（个）	166	166	230
融资总额（亿元）	110	110	131.72

江苏省苏州市太湖体育运动休闲小镇综合得分 84.43 分，在 50 强榜单中位居第二，比排名第一的余杭区梦想小镇仅低了 0.03 分。苏州市太湖体育运动休闲小镇位于苏州太湖国家旅游度假区，拥有太湖足球运动中心、太湖棒球训练基地等大型活动场所，全长 26 千米的"太湖蓝"赛道自通车以来就成了顶级赛事用地的宠儿。近些年，多项重量级体育活动相继在这里举办，包括中国足协希望杯足球联赛、全国女子足球锦标赛。2020 年中超的"半壁江山"8 支球队集结苏州太湖国家旅游度假区近 2 个月，这是继"菁英杯"青少年足球联赛总决赛（苏州赛区）之后，度假区再次迎来的"高光时刻"。

湖南省益阳市安化县黑茶小镇以 84.11 分在 50 强榜单中排名第三。黑茶小镇坚持传承和挖掘黑茶文化，坚持以人才引领创新，以创新促进发展，突出"安化黑茶"主题，完美组合了安化最具优势的山水生态旅游资源和独一无二的黑茶文化产业资源，2018 年第四届湖南安化黑茶文化节的成功举办使黑茶小镇成为各方关注的焦点。现今小镇已有黑茶加工与服务企业 71 家，2020 年小镇黑茶产量达 4 万吨，缴纳税收 1.8 亿元，域内旅游人数达 458 万人次，旅游收入达 40 亿元，"安化黑茶"

已经成为国家地理标志保护产品和中国驰名商标。

在浙江省外，广东、湖南、江苏等省份在特色小镇建设中不断加强规范引领、聚力主导产业、强化落实落地。如表 4-6 所示，以入围 50 强榜单的特色小镇数据测算，湖南省 2020 年完成投资额 44.75 亿元，吸纳就业人数 21651 人，两项指标遥遥领先于其他省份；河北省特色小镇平均入驻企业 1021 家，处于领先水平；吉林省特色产业投资占比为 90.37%，在各省份中位列第一。

表 4-6　2020 年 50 强特色小镇分省份数据对比

省份	小镇完成投资额（亿元）	特色产业投资占比（%）	小镇入驻企业数（家）	小镇吸纳就业人数（人）	小镇年接待游客人数（万人次）
广东	31.45	77.59	137	9003	246.63
湖南	44.75	55.56	232	21651	188.55
河北	43.18	84.81	1021	11240	207.98
江苏	38.48	83.08	286	10968	106.20
吉林	28.00	90.37	255	10377	46.60
安徽	17.12	85.23	186	8046	161.60

从入围 50 强榜单的特色小镇可以看出，优秀的特色小镇在打造经济高质量发展新平台中的作用十分显著。特色小镇的形成，有利于承接大中城市的信息、资金、技术和人才，有利于传统产业的转型升级。同时，建设特色小镇，可以发挥其平台极强的集聚作用，吸引工业和服务业的进驻，推动特色小镇周边农村一二三产业的融合发展。

（四）七大产业类型小镇发展各有千秋

从 50 强特色小镇的产业类型分布看，制造产业类特色小镇和文化旅游类特色小镇占比最高。如图 4-4 所示，制造产业类和文化旅游类小镇在 50 强特色小镇中均占 30%，其次是农业田园类和新兴科技类小镇，在入选小镇中分别占 16% 和 12%。

图 4-4　50 强特色小镇产业分布情况

在特色小镇发展过程中，制造和科技类特色小镇发展质量依旧占优，这与国家建设特色小镇、提升产业支撑的初衷一致。浏阳市大瑶花炮小镇作为 50 强中制造产业类小镇的典型，已经形成集烟花爆竹生产、经营、原辅材料经营、包装印刷、造纸、机械制造等于一体的完整产业全链，原辅材料占全国市场 70% 以上，成为全国最大的原辅材料集散中心和烟花爆竹交易中心，在全国具有较高的知名度。2020 年，小镇总产出达 225.49 亿元，特色产业税收达 2.25 亿元，共有特色企业 413 家，吸纳就业人数 4.5 万人。

此外，随着我国居民收入水平不断提高，人民群众对于旅游品质的要求也在不断提升，文旅类特色小镇因而更受到市场的青睐。2019 年我国文旅类特色小镇大部分还处于规划建设阶段，如今文旅类特色已呈现出高速增长的发展态势。以云南省文山州丘北县普者黑水乡为例，该小镇发展总体定位为山水田园高原水乡小镇，2019 年小镇年接待游客数351 万人次，旅游产业增加值约 11.75 亿元，特色民宿 562 户，小镇内餐饮服务点 529 个；2020 年接待游客达 445 万人次，同比增长 26.78%，旅游产业增加值约 12.77 亿元，特色民宿增加到 699 户，小镇内餐饮服务点 582 个，基础设施更加完备。文化内涵是特色小镇发展的灵魂，依靠特色自然与人文景观资源，打造主题明确、特色化的产品是文旅特色小镇发展的根本，普者黑水乡在文化特色建设方面卓有成效，不仅有仙人洞村的业余文艺队 25 支，其省级非物质文化遗产（彝族弦子舞）和世界吉尼斯纪录（普者黑"花脸节"）更是吸引了许多国内外游客和寻幽探奇者。

特色产业主导了特色小镇发展方向。50 强特色小镇按照产业类型分为七大类，部分指标表现情况如表 4-7 所示。

表 4-7　七大类特色小镇部分指标表现

指标	制造产业类	商贸时尚类	农业田园类	金融基金类	文化旅游类	运动休闲类	新兴科技类
特色产业产出占比（%）	82.68	81.33	76.04	97.92	87.34	60.00	83.78
国地税总收入（亿元）	5.56	2.43	1.25	7.69	1.10	2.16	5.28
科技相关投入占总产出比重（%）	1.36	1.41	0.28	2.96	1.79	0.19	3.35

续表

指标	制造产业类	商贸时尚类	农业田园类	金融基金类	文化旅游类	运动休闲类	新兴科技类
特色产业固定资产投资额占比（%）	87.75	80.06	68.55	94.44	54.37	60.00	75.42
已入驻企业数（家）	193	1641	250	628	105	85	2281
大专以上学历人员数占比（%）	31.39	32.17	28.95	80.80	27.72	40.05	71.63
累计孵化并转移小镇外生产经营的企业数（家）	17	1443	82	34	5	8	79

新兴科技类小镇在科技投入、企业入驻以及人才吸引方面具有一定优势，平均科技相关投入占总产出比重 3.35%，平均入驻企业数超过 2000 家，大专以上学历人员数达到 71.63%。例如，泰兴市凤栖小镇，科技投入占总产出超过 4%，杭州市余杭区梦想小镇到 2020 年年底已入驻企业数 6842 家，吸纳就业人数 14500 人，就业人员中大专以上学历占比达 100%。入围 50 强金融基金类小镇的江苏省宿迁市保险小镇，其特色产业产出达 94.20 亿元，占总产出比重 97.92%，特色产业固定资产投资额 76.50 亿元，占比达 94.44%。商贸时尚类特色小镇平均孵化并转移小镇外生产经营企业 1443 家，明显领先于其他产业平均值，河北省永清县云裳小镇作为"北京疏解非首都功能首批重点承接项目"，累计孵化并转移小镇外生产经营的企业数有 3830 家，居该类型小镇之首。而文化旅游类特色小镇和运动休闲类特色小镇在特色产业发展上则相对较弱。

商贸时尚类小镇的人居功能聚合效应明显。如表 4-8 所示，2020 年全国特色小镇的常住人口平均值为 3.36 万人，其中，商贸时尚类特色小镇常住人口均值位列第一，达到了 9.14 万人，人居聚集效应明显。人居功能的聚合带来了经济的繁荣，商贸时尚类小镇人均可支配收入达 7.43 万元，相比制造产业类、农业田园类、金融基金类、文化旅游类、运动休闲类和新兴科技类，人均可支配收入分别高了 106.39%、224.45%、39.66%、114.74%、18.69% 和 11.23%；相应地，商贸时尚类小镇的亩均产值最大，达到 302.34 万元 / 亩，其余 6 类小镇——制造产业类、农业田园类、金融基金类、文化旅游类、运动休闲类和新兴科技类亩均产值分别为 152.38 万元 / 亩、13.24 万元 / 亩、213.78 万元 / 亩、18.97 万元 / 亩、29.30 万元 / 亩和 182.43 万元 / 亩。

表 4-8　七大产业类型特色小镇人居功能细分指标平均值情况

指标	制造产业类	商贸时尚类	农业田园类	金融基金类	文化旅游类	运动休闲类	新兴科技类
小镇内常住人口数（万人）	2.27	9.14	2.71	0.32	4.48	4.15	0.93
人均可支配收入（万元）	3.60	7.43	2.29	5.32	3.46	6.26	6.68
小镇公共区域免费 WiFi(5G) 覆盖率（%）	51.26	100.00	62.14	100.00	66.37	100.00	100.00
小镇及周边 1 千米教育机构数（家）	8	16	9	3	8	9	8
亩均产值（万元 / 亩）	152.38	302.34	13.24	213.78	18.97	29.30	182.43

在七大产业类型特色小镇中，有四类小镇公共区域免费 WiFi（5G）实现全覆盖，WiFi（5G）覆盖率相对较低的为制造产业类、农业田园类和文化旅游类小镇。商贸时尚类小镇及周边 1 千米教育机构平均数达到了 16 家，同样也是所有类型小镇中最多的。

文旅功能成为特色小镇的重要功能。文化旅游类小镇在文旅功能指标上表现出众，促进旅游业发展的一个重要因素是接待服务能力，对于文旅类特色小镇来说，餐饮服务点数、各类酒店宾馆数等基础设施的完善能为小镇的进一步发展创造坚实的基础，如表 4-9 所示，2020 年入围 50 强的文化旅游类特色小镇平均餐饮服务点数达 200 个，平均酒店宾馆数达 103 个，领先于其他产业类型特色小镇；此外，文旅类特色小镇年接待游客数 280.49 万人次，在七大产业类型特色小镇中占领第一，其次为运动休闲类特色小镇和农业田园类特色小镇，年接待游客数均超过 100 万人次。

表 4-9　七大产业类型特色小镇文旅功能细分指标平均值情况

指标	制造产业类	商贸时尚类	农业田园类	金融基金类	文化旅游类	运动休闲类	新兴科技类
小镇内餐饮服务点数（个）	61	165	52	32	200	36	53
小镇内各类酒店宾馆数（个）	13	23	20	5	103	8	4
绿化覆盖率（%）	31.62	27.48	37.34	60.00	36.87	80.50	42.46
年接待游客人数（万人次）	40.77	20.33	134.11	32.00	280.49	174.85	32.96
旅游产业增加值（亿元）	0.47	1.03	2.16	2.50	4.24	17.49	3.70

指标	制造产业类	商贸时尚类	农业田园类	金融基金类	文化旅游类	运动休闲类	新兴科技类
绿地面积（平方千米）	0.46	0.37	0.93	1.80	0.92	3.89	0.53
网络美誉度	1.18	1.13	1.05	1.20	1.38	1.34	1.15

　　50 强特色小镇中，苏州市太湖体育运动休闲特色小镇是唯一的运动休闲类小镇，其绿地面积 3.98 平方千米，绿化覆盖率 80.50％，旅游产业增加值 17.49 亿元，遥遥领先于其他类型小镇。从城镇化的发展趋势来看，旅游功能的挖掘是特色小镇发展的必然趋势，随着旅游休闲需求的增长，特色小镇的文化内涵和生态建设水平得到了进一步提升。

第五章
特色小镇发展面临的困难与挑战

我国的特色小镇建设经过初创期、发展期后，正以昂扬的步伐进入成熟期，以高质量发展为新起点的征程已经开启，总结过往，展望未来，任重而道远。通过对样本数据的分析和深度挖掘，结合入选50强特色小镇的问卷调查或实地走访，目前特色小镇发展过程中存在的主要问题和面临的主要挑战有以下四个方面。

一、融资渠道单一，投资回报周期长

2020年9月，国家发展改革委发布《关于促进特色小镇规范健康发展的意见》，明确了特色小镇规范健康发展的指导思想、基本原则等。特色小镇能否实现健康发展的一个关键性影响因素就是资金投入是否充足和稳定。

目前，部分特色小镇的融资情况并不乐观。就当前特色小镇建设经验来看，在小镇建设的前期，其基础设施和公共设施建设需要投入的资金规模较大，基础设施建设和公共事业项目会带来大量的资金需求，而这些项目具有公共产品的性质，与商业性金融机构的营利性产生矛盾，这会在一定程度上阻碍小镇建设的顺利推进。除主体建筑外，交通、网络、医疗等基础配套以及服务设施、产业园区等产业衍生建筑区建设也都需要投入大量资金。

此外，特色小镇建设回报周期长，在短期内难以获利，这些问题使得很多金融机构、企业、社会组织、个人不愿参与到小镇的建设中来，导致小镇市场化融资较为困难。此外，虽然特色小镇具有巨大的建设发展空间和开发潜力，但融资类型复杂多样并且缺乏专业性金融政策支持，难以为投资者提供有效的获利保障，这在一定程度上也抑制了特色小镇的健康发展。

二、高层次人才短缺，人才资源储备不足

特色小镇的发展要以特色产业发展为核心，在特色产业壮大发展的同时，对于人才要素也将会产生更大的需求。2020 年，50 强特色小镇中大专以上学历人员数占比平均为 40%。其中，浙江梦想小镇、广东岭南文荟小镇、江苏昆山智谷小镇和江西南康家居小镇大专以上学历人员数占比均超过 90%，但仍有部分特色小镇大专以上学历人员数占比低于 10%。依托产业发展起来的特色小镇往往城市功能较弱，缺乏高端人才必需的基本公共服务和设施，部分特色小镇不仅在医疗、教育、科技、文化等基础设施方面落后，在金融、娱乐等商业综合服务方面更是不足，这就造成了对人才的吸引力有限。

此外，随着社会老龄化现象的加剧，人才资源争夺更为激烈，这对处于较为落后地区的特色小镇来说，在人才招揽方面无疑是雪上加霜，使得特色小镇开始出现人才空心危险。例如，无为高沟电缆小镇、天长

冶山玩具小镇等的核心产业为制造业，对企业来说，研发是整个企业运行过程中最为关键的一环，但由于小镇地理位置不佳、远离市区，各项基础配套设施不健全，对专业型人才的吸引力不强，遭遇人才资源储备不足的难题。

三、土地资源短缺，小镇建设受限制

土地是特色小镇在开发建设过程中不可或缺的要素，而投建特色小镇的企业普遍反映建设用地指标少制约了城镇建设项目开展。特色小镇建设发展的土地要素难以保障仍然是亟待破解的问题。

由于用地指标较少，土地问题没有办法解决，部分优秀的特色小镇项目无法开展。例如，2019 年合肥市计划中的人工智能特色小镇项目，由于土地问题一直得不到解决从而无法实施。另外，建设用地指标、商业用地指标不足，大量特色产业项目落地困难，阻碍了特色产业结构布局调整的步伐，影响了城镇化进程，对现有的特色小镇后续发展造成阻碍。例如，三瓜公社中，停车场、小镇客厅、民宿客栈、公共厕所等项目由于商业用地指标少而不能够按期动工，使得游客进不来、住不了、吃不了、出不去，对游客的观光体验造成了极大的影响，景区内的旅游人均消费水平严重下降。

四、"产城融合"不到位，难以实现生产与生活的兼容

特色小镇建设是新型城镇化建设中的重要一环，"产城融合"作为

实现"以人为中心的城镇化"这一新型城镇化的重要途径，是特色小镇建设的关键，产业、社区、文化等功能在物理上的简单叠加难以形成生产、生活相互融合的化学反应。

在产业支撑、人居环境等方面实现"以人为中心的特色小镇"才是其根本所在。但当前存在的问题是，有些特色小镇并不能实现生产与生活的兼顾，或是注重产业的发展，或是注重城镇的建设。2020 年，50强特色小镇中特色产业产出占比平均为 76%，占比相对较高，大部分小镇重视特色产业的培育和发展。小镇内每万人餐饮服务点数为 37.68家，小镇及周边 1 千米教育机构数平均为 8 家，有 11 家小镇的公共区域免费 WiFi（5G）覆盖率低于 50%，小镇的人居环境方面仍有待提升。又如，由于一二线城市的土地资源日渐枯竭、特色小镇项目的增加以及政策红利的存在，部分房地产企业开始将特色小镇的开发当作新的"掘金点"，只是为了追求经济利益，假借开发特色小镇之名，而行开发房地产之实，不仅没有产业支撑，也没有跟上相应的配套设施。房地产商的插足必然造成土地成本的上升，进而导致特色产业更加难以得到发展，违背了建设特色小镇的初衷。此外，旅游类的特色小镇泛滥，只关注于旅游景区的打造却忽视了产业支撑的重要性，使特色小镇无法可持续发展。当前，实现"生产、生活、生态"的有机融合依然是建设特色小镇过程中的难点与重点。

第六章
促进特色小镇健康发展的对策与建议

一、创新投融资体系，引导社会资本与政府资本相结合

为缓解特色小镇融资难问题，应当推进特色小镇与国开行、农发行等金融机构的项目资金对接，设立特色小镇专项贷款，并将专项贷款落实于合适的特色小镇项目。创新特色小镇投融资体系，探索产业基金、PPP（政府和社会资本合作）等多种融资模式，引入社会资本，从而保障特色小镇项目能够有序展开。充分发挥市场在特色小镇建设中的决定性作用，引导企业进行有效投资，尤其是要引入国内外的大企业，推动项目建设。目前，从商业资本模式来看，PPP融资模式是最合理、最受欢迎的模式之一，通过这种政府与社会资本相结合的发展模式，既减轻了政府的负担，又保证了企业的利益，多方互惠互利，更好地回应了社会公共服务的需求。

特色小镇相关资金需求主要包括三大方面：一是镇中基础设施及其配套工程的建设；二是镇中产业龙头企业的产业项目建设和流动资金需求；三是镇中重无形资产、轻有形资产的中小企业的融资需求。针对不

同的需求，政府部门和金融机构要在对融资主体、担保结构、还款现金流等问题充分考虑的基础上，积极打通融资渠道、创新产品与服务，做到区别对待、分类支持。

二、完善配套基础设施，施以更多激励政策广纳人才

针对人才资源匮乏的问题，在硬件方面，应当不断完善特色小镇内部的各项配套基础设施以及公共服务设施，特别是在教育医疗方面，要加快推进特色小镇交通、文化、医疗、教育等资源的城乡一体化发展。在软件方面，要结合实际、因地制宜地制定人才引进与人才激励政策。特色小镇缺乏的不仅是专业型技术人才，还有管理类、营销类、财务类等类型的人才，在人才引进方面，应以"能"取人，同时，学历也不应作为选取人才的唯一标准，例如，地处农村的特色小镇，可以考虑招纳本地优秀青年，如果非要舍近求远，往往得不偿失。

各地政府应针对入驻小镇的人才特别是高端人才给予精神和物质上的奖励。比如，设立小镇特色产业专业人才引进专项基金，对到小镇企业生产科研第一线的急需专业的本科生、硕士生、博士生给予工资以外的经济补贴；对特色小镇特色产业领域领军型高层次创业人才给予一定数额的创业启动资金，鼓励企事业单位建立专家工作站和博士后工作站，财政给予经济补助；要把专业技术职称认定及荣誉奖励向特色产业专业人才倾斜。在特色小镇中企事业（含非公有制企业）职工的职称评定工作中，以及在选拔市级及以上专业技术拔尖人才和评选表彰人才等方面增设专门指标，提高对特色小镇中就业的专业人才的激励强度。

三、减少土地资源浪费，加强土地资源集约利用

针对土地资源短缺的问题，首先，应加强土地资源的集约利用。基于小镇自身的产业类型，对小镇人口进行科学合理的预测，尽量避免对土地资源的浪费。其次，鼓励城镇低效用地的有机再开发。有机开发利用闲置土地、低效用地、废旧厂房、废旧用地相比申请难、成本高、申请周期长的新增建设用地指标来说，具有成本低、高效省时的优点，可以通过这种方式来增加特色小镇的用地供给。再次，探索灵活的用地政策。加强现有政策整合力度，加大盘活存量建设用地，允许通过村庄整治、宅基地整理等节地方式，支持特色小镇主导产业发展和基础设施布局、生态环境保护等功能的用地需求；用好现有政策，鼓励引导转让和租赁集体建设用地使用权；充分利用好城乡用地增减挂钩方式。最后，加强土地监督管理，建立土地资源集约利用的考核机制。

四、科学合理布局特色小镇空间，营造宜居宜业良好氛围

针对产城融合出现偏差、不到位的问题，一方面，既不能只注重产业发展而忽视生态、生活方面的建设，也不能过度追求城镇的开发建设而忽略产业发展。在打造特色小镇的实践过程中，需结合实际，科学合理地对特色小镇的空间进行科学布局，全面促进产城融合的程度，既要将资源高效转化为拉动经济增长的动力，又要有效保护当地特色景观资源。另一方面，文化内涵是特色小镇建设的灵魂，也是凸显小镇特色、促进"产城人文"有机融合的内化元素。因此，各省份应当根据本地人

文资源与条件，充分挖掘当地特色文化，并将其内化于特色小镇建设中，成为推动特色小镇建设中"产城人文"融合的精神动力。科学规划布局，凸显人文底蕴，持续营造宜居宜业的良好环境氛围，并不断完善商业等配套服务体系，持续改善周边生态与人文环境，不断提高常住居民生活条件，为广纳人才进驻特色小镇提供更好的软硬件环境。

在特色小镇建设中，要严控房地产化倾向，综合考虑就业人口和常住人口规模，要合理制定住宅以及产业用地比，严格防控房地产开发，对产业内容、盈利模式、后期运营继续严格把控，防止"假小镇真地产"的出现。

第
三
篇

中国特色小镇 50 强荟萃

在国家发展和改革委员会等多部门的支持、指导下，各省（自治区、直辖市）特色小镇建设如火如荼，卓有成效，涌现出了一批产业特而强、功能聚而合、形态小而美、机制新而活的精品特色小镇。在编制中国特色小镇发展指数的同时，依据评价指标体系及各特色小镇提供的客观数据，结合调研中掌握的实际情况，筛选出汇集各个领域的50个表现突出的特色小镇，总结、推广它们的先进经验。

评选标准：中国特色小镇50强的评价对象为创建一定年限、处于正常运营中的"非镇非区"的特色小镇，评选对象具有细分高端的鲜明产业特色、产城人文融合的多元功能特征、集约高效的空间利用特点，在推动经济转型升级和新型城镇化建设中具有重要作用。

评选方法：中国特色小镇发展指数中的特色小镇评价指数遵循现代统计指数理论，在构建综合评价指标体系的基础上，采用功效系数法编制而成。排名遵循科学性、协调性、独立性原则，对各候选特色小镇2020年的指标数据进行指数测算，横向比较各小镇建设水平的差异程度，对各特色小镇进行排序。选择排名靠前的50个综合得分高或建设特色鲜明的特色小镇成为2021年中国特色小镇50强。

评选机构：《中国特色小镇2021年发展指数报告》课题编写组。

第七章
广东省特色小镇（8 个）

◆ 佛山市大良寻味顺德小镇

　　寻味顺德小镇（见图 7-1）总规划面积 4.7 平方千米，主要由华侨城欢乐海岸、顺峰山公园桂畔湖湿地公园以及苏岗旧寨三大片区组成。小镇依托大良优美的生态自然景观和丰富的文化旅游资源，整合政府、社会和社区等各方力量，以顺德华侨城欢乐海岸 PLUS、苏岗旧寨为核心区域，打造以美食体验、文旅游乐为核心，兼具岭南传统文化韵味和现代都市文化风情，集都市美食、乡土美食体验于一体的美食文旅小镇。

　　作为广府文化发源地之一，大良文化底蕴深厚，拥有广绣、粤曲、双皮奶制作、鱼灯、咸水歌等非遗项目，先后获得"中国曲艺之乡""中华集邮名镇""广东省历史文化街区""佛山市书香镇街"等称号。同时，作为著名的"烹饪之乡""粤菜之源"，顺德大良素有"食在广州，厨出凤城"之美称，名厨、名店、名菜荟萃，《寻味顺德》等优秀城市宣传片展映更使得顺德美食家喻户晓，坐落顺德中心城区的大良餐饮业也发

图 7-1　寻味顺德小镇鸟瞰图

图片来源：由寻味顺德小镇提供。

展迅速。2018 年，大良街道限额以上住宿餐饮业超 6 亿元，辖区餐饮业营业收入达 32 亿元，约占顺德区餐饮业营业收入的 30%，大小餐饮店铺超 2600 家，从业人员超 2 万人。早在 2006 年 5 月，大良就被中国烹饪协会认定为全国首个"中华餐饮名镇"，辖区现有 12 家中华餐饮名店；6 种小吃已获中华名小吃称号；4 家企业分获中华老字号和广东省老字号称号，大良美食凭借"清、鲜、爽、嫩、滑"独树一帜的特色，享誉海内外。

　　未来三年，寻味顺德小镇的目标为基本完成欢乐海岸 PLUS、苏岗旧寨改造提升项目等特色小镇重点项目建设工程，小镇空间环境建设品质得到明显改善和提升；小镇文化旅游产业项目进入初始发展期，通过宣传推广逐步形成寻味顺德小镇的文化旅游品牌。

◆ 深圳市龙华区大浪时尚创意小镇

大浪时尚创意小镇（见图7-2、图7-3）位于深圳市龙华区大浪街道石凹片区，由机荷高速和九龙山围合而成，总规划面积11.97平方千米，是新型纺织类特色小镇，由龙华区大浪时尚创意小镇建设管理中心负责管理，2017年成为广东省首批特色小镇创建示范点、粤港澳大湾区第一个时尚特色小镇。小镇依托大浪女装时尚品牌优势、深圳时尚科技优势、粤港澳大湾区的国际商贸流通和消费市场网络优势，已形成以时尚产业为核心，集产、城、人、文、旅于一体的时尚创意产业聚集区。2019年，大浪时尚创意小镇被国家发展改革委作为"第一轮全国特色小镇典型经验：传统产业转型升级的新路径"向全国推广学习。2020年，大浪时尚创意小镇获批加入与中国纺织工业联合会共建"世界级时尚小镇"试点。

图7-2 大浪时尚创意小镇服务中心近景图

图片来源：由大浪时尚创意小镇提供。

　　小镇依托大浪女装时尚品牌优势，以建设世界级时尚产业集群为目标，制定小镇"1+4+6"产业发展规划，重点布局高端品牌服装服饰、时尚文化等产业，着力构筑"一心五区"时尚产业空间格局，培育具有全国影响力的标杆性时尚产业集群。自 2003 年深圳建设"服装产业聚集地"至小镇选址，17 年间，累计完成投资超 100 亿元，吸引一大批优质高端时尚企业落户小镇，形成"全国女装看深圳，深圳女装看大浪"的产业格局。大浪时尚创意小镇产业规模全国领先，品牌影响行业领跑，规模经济初见成效。小镇现有 3 家上市企业、11 家国际一流总部企业、613 家服装鞋帽类时尚品牌企业，时尚（主导）产业产值 200 亿元（按照深圳市时尚产业最新统计口径计算），吸引 2 万多人就业。

图 7-3　大浪时尚创意小镇展示中心远景图

图片来源：由大浪时尚创意小镇提供。

◆ 河源市源城区创意设计小镇

　　创意设计小镇（见图 7-4、图 7-5）位于河源市源城区埔前镇陂角村，是集生态、旅游、主题乐园、文化体验、健康养生、现代休闲健康农业体验、科普、科研于一体的产业升级及产业再造基地。小镇计划在3—5 年时间内，打造国家级现代农业产业园区和具有浓郁岭南特色的生态小镇。整体打造生态、自然、富有美学的人文景观体系和社区生态环境，通过融合"环保、生态、健康、科技"等元素，彰显岭南的山水、人文等特色，以"乡镇城互动融合发展战略"推动全面乡村振兴，为满足百姓日益增长的美好生活需求作出贡献。

创意设计小镇项目分为五期，总规划面积约 8.5 平方千米，占地面积为 159954 平方米，总建筑面积为 122157 平方米，计划总投资 200 亿元。小镇遵循"显山、秀谷、顺水、理路"的开发理念，以贯穿基地的水系为纽带，串联度假文旅核心以及度假生活核心，为游客营造与现代都市快节奏生活迥然不同的度假休闲慢生活；依托现代科技农业的理念，引入全球领先的技术设备及基础设施，发展融合物联网、互联网、

图 7-4　创意设计小镇综合体实景图

图片来源：由创意设计小镇提供。

生物技术和人工智能于一体的智慧型农业。创意设计小镇内包含岭南生态小镇、超五星级主题文化酒店、春沐·禾悦庄酒店、棕榈树酒店，还有青年驿站，设有儿童公园、体育公园、一湖两岸景观 A 区、生活体验馆以及配套设施、商业综合体等。

图 7-5　创意设计小镇远景图

图片来源：由创意设计小镇提供。

◆ 韶关市翁源县江尾兰花小镇

江尾兰花小镇（见图 7-6、图 7-7）位于广东省韶关市翁源县江尾镇北部及坝仔镇南部，以广东省（韶关）粤台农业合作试验区翁源核心区鹤仔岗现代农业示范园为创建范围，总占地面积 4.8 平方千米。江尾

图 7-6　江尾兰花小镇兰花种植图

图片来源：由江尾兰花小镇提供。

兰花小镇被纳入广东省特色小镇创建示范点后，按照《广东省特色小镇创建导则》加快建设，成立了以翁源县长为组长的创建领导小组，确定广东省（韶关）粤台农业合作试验区翁源核心区管理委员会为创建主体，上市公司棕榈生态城镇发展有限公司为投资主体。

　　翁源县被誉为"中国兰花第一县"，是全国最大的国兰生产基地，兰花种植面积 2.1 万亩，兰花品种达 1000 多种，年产值达 20.1 亿元，国兰供应量已超过全国供应量的 60%。兰花小镇所在地江尾镇有着 20 多年的兰花种植历史，依托翁源县兰花产业及自身生态地域优势，产业特色鲜明，已形成国兰洋兰并进、科研生产并举、精品大众并存、外商农民并种、兰花规模化产业化专业化的格局，集群效应显现，被广东省科技厅授予"兰花专业镇"称号。围绕兰花产业，兰花小镇已建成一批高标准规模化兰花生产基地，构建了从生产、加工、仓储、物流、研发到销售的全产业链。同时，江尾兰花小镇大力挖掘兰花特有文化、旅游元素，发展兰花科技研发、农旅生态旅游、兰花文化体验等产业环节，形成了"兰花产业＋文化＋旅游"的特色产业小镇开发模式。

图 7-7　江尾兰花小镇展示中心近景图

图片来源：由江尾兰花小镇提供。

◆ 佛山市三水区白坭镇文创古镇

文创古镇（见图 7-8、图 7-9）位于地处粤港澳大湾区核心城市群的佛山市三水区白坭镇，总规划面积约 3.57 平方千米，核心区面积 1.13 平方千米。文创古镇于 2017 年入围佛山市首批特色小镇培育名单，2019 年成为首批通过验收命名的市级特色小镇，2020 年入选广东省第三批特色小镇培育库，实现"三年两级跳"。

文创古镇立足"西江边的文化明珠，粤港澳的创意港湾"定位，围绕白坭极具特色的农耕文化，发展"文创＋旅游""文创＋农业""文创＋艺术""文创＋服务"四大"文创＋"特色产业。小镇重点建设西江十里画廊、粮食博物馆、西江河鲜美食街、西江院子、漆艺文创村项目，其中，西江十里画廊获评"广东美丽乡村精品线路"。此外，小镇发展珠三角高值精品农业，创意包装农产品以提高农产品附加值，创新休闲农业模式，促进一二三产业融合；并将"漆艺文创"作为特色小镇的特色产业进行重点培育，逐步成为特色小镇全产业链建设的重要抓手，打造"漆彩耀西江"城市文化品牌。同时，小镇通过提供强有力的制度保障、政策支持和高效的协调机制，营造良好的"双创"环境，培育创意企业群体，构建并完善文创服务产业链。

未来，小镇将全力以赴抓好"漆彩耀西江"品牌建设；继续推动"文创＋"文旅产业细化发展领域；持续开展品牌活动，打造独具白坭特色、

图 7-8　文创古镇沙围片区俯瞰图

图片来源：由文创古镇提供。

辨识度极高的西江文创节品牌，借助系列传统媒体以及新媒体力量，全方位宣传佛山文创古镇；同时，进一步提升旅游服务承载力，持续推进国家 3A 级旅游景区的全面提升工作。

图 7-9　文创古镇西江十里画廊七彩花田近景图

图片来源：由文创古镇提供。

◆ 佛山市禅城区岭南文荟小镇

岭南文荟小镇（见图 7-10、图 7-11）位于佛山市禅城区老城片区，总用地面积约 3.52 平方千米。作为佛山市老城片区，岭南文荟小镇已被纳入佛山市城市形态提升重点区域。自 2018 年年底至今，小镇项目库在建和筹备开展的重点项目有 26 个，总投资额约 105.15 亿元。

依托片区深厚的历史文化底蕴、发达的现代商业以及实力雄厚的总部企业科研、高端人才资源，小镇致力于发展"文化＋科技"和"文

图 7-10 岭南文荟小镇近景图

图片来源：由岭南文荟小镇提供。

化＋创意"产业。通过打造岭南文化产业研发设计平台和"网上老城"线上平台两大创新引擎，深耕基于互联网、体验经济、教育和学习、工业与制造的四大文化科技深度融合的产业生态，构建"2+4"文化科技特色产业体系。祖庙街道传统制造业发达，海天味业、日丰集团、佛山照明、安安国际等企业在转型升级中逐步建立了全球创新研发中心，文化科技融合产业发展优势凸显，小镇中78％认证高企设有实验室。

小镇基础设施完善，街道遵循"修旧如旧"原则，在保留原有的街巷肌理和岭南特色风貌的基础上，推进街内环境提升；同时充分发挥社会企业投资和政府产业招商引导"组合拳"作用，推动老城活化历史街区与现代商业集聚融合发展；街道制定了支持餐饮行业复产的补助方案，助力夜间消费复苏，带动夜间经济发展；此外，街道积极举办特色小镇文化活动，打造古镇氛围。

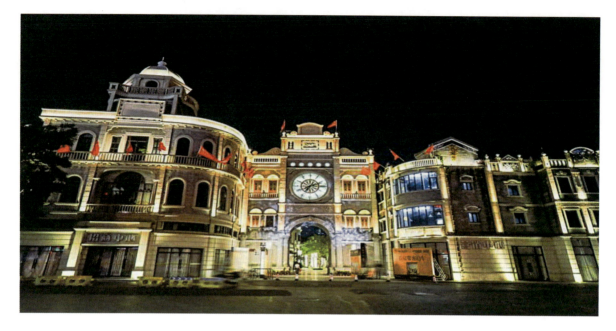

图 7-11　岭南文荟小镇钟楼近景图

图片来源：由岭南文荟小镇提供。

◆ 云浮市新兴县六祖小镇

六祖小镇（见图 7-12、图 7-13）是第一批入库培育小镇，小镇属于现代服务类的文化旅游、康养小镇。小镇主要投资运营商有新兴鼎盛文化产业投资有限公司、广东禅文化创意产业园开发有限公司、广东养生谷有限公司、广东和健文化旅游发展有限公司、翔顺控股集团有限公司。2019 年 1 月，广东省第二届特色小镇交流对洽会在新兴召开，六祖小镇在省级特色小镇创建对象和培育对象"回头看"中被评为优秀。

六祖小镇规划以集成河为主干、道路为叶脉组成小镇空间结构脉络，融合小镇山水合抱的格局，以绿道串联多元化的共享交往空间，构建"一花开五叶"的特色空间格局。小镇围绕"禅文化"发展主题，构建创新型"禅文化"产业发展体系，重点向产业微笑曲线两端的设计研发和营销服务环节延伸，形成圈层式的产业功能发展结构，倾力将新兴

图 7-12　六祖小镇俯瞰图

图片来源：由六祖小镇提供。

图 7-13　六祖小镇国恩寺远景图

图片来源：由六祖小镇提供。

县龙山旅游景区打造升级为 5A 级景区。

　　未来，小镇将紧紧围绕新兴县委各项目建设目标，推进"禅意生态旅游产业"发展，确保完成龙山大型停车场征地、鼎盛大道征地等项目征地工作，全力破解六祖小镇"用地难、建设难"的问题。全力推进龙山景区创建 5A 级景区工作，坚持"绿水青山就是金山银山"的理念，全力做好环境建设。

◆ 广州市从化区生态设计小镇

　　生态设计小镇（见图 7-14、图 7-15）位于广东省广州市从化区良口镇中南部，规划区域主要涉及塘尾、良明等村，近期规划面积 0.66 平方千米，远期规划面积 4.73 平方千米，核心区域 2 平方千米。小镇

图 7-14　生态设计小镇远景图

图片来源：由生态设计小镇提供。

是从化区第二批特色小镇，广东省和广州市重点项目，广东省第三批省级特色小镇。

小镇于 2018 年启动建设，预计社会总投资约 30 亿元，建成后将实现年产值约 50 亿元，年税收约 2.5 亿元。小镇着眼适应创新创业与新兴产业发展需求，针对产业上下游四大环节，重点打造大学、教育机构、产业技术平台，孵化园、众创空间、加速器、科技成果转化中心，设计产品生产基地、智慧农业生产基地，居住和公共配套，共四类设计产业载体，构建"设计＋"全产业生态链，形成从化区产业转型升级的良好示范。

小镇盘活闲置集体物业 6000 平方米，将老旧集体物业打造成为星级酒店，为村集体增加收入 100 多万元／年；加快解决项目用地，促进项目早日落地；升级整治私占河道，成为网红打卡热点，2020 年国庆期

图 7-15　生态设计小镇鸟瞰图

图片来源：由生态设计小镇提供。

间，累计接待游客 10 万人次；大搞人居环境整治，刷亮小镇村庄颜值；建立党建联动机制，探索帮扶共建项目；充分带动周边村民就业增收，其中，民宿共 192 家，总投资额 3000 万元，直接带动就业 250 人，创造年均旅游收入约 10 万元 / 家，提升村民幸福指数。

未来三年，生态设计小镇力争建设成为具有 6000 人接待规模的粤港澳大湾区高端会议会展经济集聚区，推动建设粤港澳大湾区北部生态文化旅游合作区，打造世界生态设计产业策源中心，全面推动城乡融合发展。

第八章
浙江省特色小镇（7 个）

◆ 台州市椒江区绿色药都小镇

绿色药都小镇（见图 8-1、图 8-2）位于台州省级高新技术产业园区，被誉为"山海水镇、文旅胜景、创新硅谷、制造药都、党建高地"。

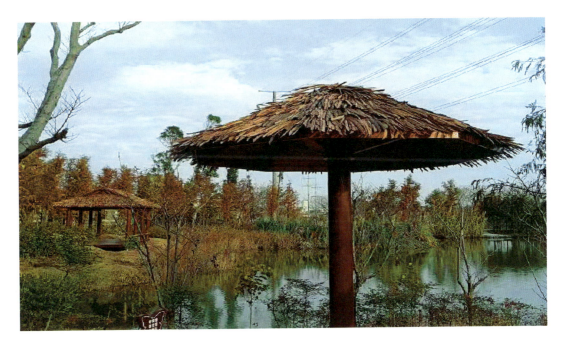

图 8-1　绿色药都小镇近景图

图片来源：由绿色药都小镇提供。

小镇总规划面积 3.42 平方千米，核心区面积 0.93 平方千米，于 2017 年列入浙江省第三批特色小镇创建名单和首批浙江省高新技术特色小镇培育名单。

小镇紧扣医药产业转型升级的发展趋势，坚持高端引领、全产业链思维，聚焦高端产业和产业高端发展方向，做深医药特色产业，延伸产业链，提升价值链，创新供应链，加快推进医药产业转型升级，不断提升医药产业核心竞争力，已经形成了医药中间体、化学原料药、药品制剂的研发、中试、生产、销售的全产业链，成为台州市培育七大千亿产业之一。

小镇拥有众多高层次和高能级的研发平台，为小镇医药产业高质量发展提供保障。依托太和山、腾云山、台州湾、椒江等自然山海资源和

图 8-2　绿色药都小镇鸟瞰图

图片来源：由绿色药都小镇提供。

人文景观资源，小镇已成功创建国家 3A 级旅游景区，建成小镇游客服务中心、药都湿地公园。小镇积极推进中药谷项目建设，未来将建成以药田休闲区、康乐体验区、医药科创区、康养文化区四大板块为主题的"医药 + 旅游"的康养文化体验区，打造"游、学、品、享"旅游路线。

◆ 杭州市余杭区梦想小镇

梦想小镇（见图 8-3、图 8-4）位于杭州未来科技城（海创园），筹建于 2014 年 8 月，总规划面积 3 平方千米，致力于打造众创空间的新样板、信息经济的新增长点、特色小镇的新范式和田园城市的升级版，成为世界级的互联网创业高地。梦想小镇先后入选浙江经信领域省级行业标杆小镇名单、浙江省首批特色小镇文化建设示范点名单，成功创建 4A 级景区，并荣获"最具影响力特色小镇""最具成长力特色小镇十强"等称号，被国家发展改革委列入"第一轮全国特色小镇典型经验"，并连续两年进入省级特色小镇"亩均效益"领跑者名单。2019 年 6 月，梦想小镇作为 2019 年全国大众创业万众创新活动周主会场，创新活力获得李克强总理高度肯定。

目前，梦想小镇互联网村、天使村、创业集市和创业大街已建成投用，共增加 5.33 万平方米拓展区办公面积，实现了以梦想小镇为"点"、以周边区域为"面"的构想，打通了梦想小镇与周边区域之间在"空间、配套、产业、政策、招商"方面的隔膜，构筑起了"孵化—加速—产业化"接力式产业链条。梦想小镇已由当初梦想孵化器发展成为具备辐射带动能力的梦想加速器。现周边 15 个产业园正在申报小镇拓展区，期望在梦想小镇的品牌和政策支撑下向新型孵化器和加速器转型。

2020 年，梦想小镇累计集聚创业项目 2597 个、创业人才 21700 名；230 个项目获得 100 万元以上融资，融资总额达 131.71 亿元；国家级众创空间 16 家，省级众创空间 24 家，共孵化国家高新技术企业 65 家；孵化达准鲲鹏条件企业（估值超过 1 亿美金，营收超 1 亿元人民币）18 家。截至 2020 年 11 月，梦想小镇企业专利申请和获得专利授权数量较 2019 年同期分别增长 16.86% 和 26.75%。集聚金融机构 1401 家、管理资本 2966 亿元；举办创新创业类活动 1490 场，参与人数近 20.2 万人次，吸引了中央电视台、德国电视一台、《人民日报》及 G20 官方中外媒体采访团等众多媒体密集报道，创业氛围和品牌形象不断提升。

在未来的发展过程中，梦想小镇将更加重视与各重大项目合作、集聚优秀创业资源，加快推进梦想小镇项目建设，打造梦想小镇 2.0 升级版本。在夯实自身基础的同时，梦想小镇还将大胆"走出去"，通过联

图 8-3　梦想小镇金色长廊近景图

图片来源：由梦想小镇提供。

图 8-4 梦想小镇近景图

图片来源：由梦想小镇提供。

动沪杭、合杭创新中心，融入长三角，打造桥头堡，发挥对整个未来科技城、杭州市乃至全国的辐射带动作用，为全国经济发展作出贡献。

◆ 绍兴市柯桥区蓝印时尚小镇

蓝印时尚小镇（见图 8-5、图 8-6）地处柯桥经济技术开发区北部，位于钱塘江、曹娥江交汇处，具有独特的自然风光和区位优势。小镇规划面积约 3.39 平方千米，其中核心区块面积 1.01 平方千米，小镇共分特色产业、印染文化、休闲旅游三大区块。

蓝印时尚小镇坚定绿色、智慧、高端、时尚的纺织印染产业转型发展方向，围绕"绿色高端、世界领先"的发展目标，自 2010 年以来，按照"集聚整合、控量提质、节能减排"的要求，大力推进印染产业集聚升级工程，并努力实现"两个替代、两个集中处理、两个提升"（即

图 8-5　蓝印时尚小镇近景图

图片来源：由蓝印时尚小镇提供。

图 8-6　蓝印时尚小镇蓝印客厅近景图

图片来源：由蓝印时尚小镇提供。

国际国内先进的生产设备替代现有传统落后装备，蒸汽、天然气等清洁能源替代煤炭；印染污水集中处理，印染污泥集中处理；印染布后整理提升，纺织品价值提升），成为传统产业转型升级省级试点。2020 年，小镇实现印染产能 185 亿米，占全国 1/3，产值近 450 亿元，利税 73 亿元，形成了具有明显产业特色和较强国际竞争力的印染产业集群。

未来，蓝印时尚小镇将继续以绿色印染为基础、时尚文旅为支撑、产城融合为方向、科技创新为驱动，致力打造"绿色高端、世界领先"的印染产业转型升级示范区，成为全国一流的杭州湾湾区经济带上的时尚产业类特色小镇。

◆ 绍兴市上虞区 e 游小镇

e 游小镇（见图 8-7、图 8-8）位于浙江省绍兴市上虞区"一江两岸"核心地段，规划面积 2.88 平方千米，于 2016 年 1 月被列入第二批浙江省级特色小镇创建名单，2019 年 9 月成功通过省级特色小镇验收命名，是全省 200 多个特色小镇中唯一一个以培育数字游戏为主导产业的小镇。

e 游小镇抢抓数字经济发展机遇期，打造以游戏、影视、动漫、视听阅读等为主导的数字产业新板块。小镇引进各类数字经济企业 743 家，聚集创客 8600 余名，盛趣游戏(原盛大游戏)、金科文化、中手游、盖奇电竞、宇石网络、南湾科技、风语筑、华映星球等国内外知名数字经济企业相继落户。小镇深度研究提取产业文化、地域文化、传统文化元素，不断推出原创精品 IP。

当前，小镇将以推动"数字产业化"和探索"产业的数字化服务中

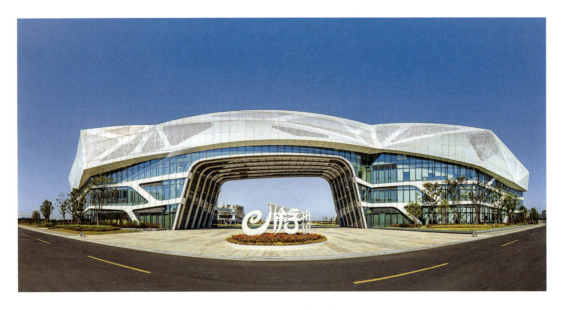

图 8-7 　e 游小镇近景图

图片来源：由 e 游小镇提供。

图 8-8 　e 游小镇鸟瞰图

图片来源：由 e 游小镇提供。

心"为两翼，加快"游戏、影视、动漫、视听阅读"四大产业集群建设，努力将 e 游小镇打造成为数字内容产业的"中国乌镇"。"云上小镇"是 e 游小镇 2.0 版主打的"智慧大脑"，是"文漫影游"等数字产业的数字化服务中心，小镇将以"云上小镇"空间拓展为突破，构建游戏、影视、动漫、视听阅读全产业模块，努力推进数字经济产业迭代升级。

◆ 宁波市慈溪市息壤小镇

息壤小镇（见图 8-9、图 8-10）位于宁波市慈溪环杭州湾创新中心区域内明月湖畔，总用地面积约 3.30 平方千米。小镇自 2018 年入选浙江省第四批创建名单以来，锚定"国家级产业互联网示范区"目标，以小家电产业互联网化为特色，构建小家电产业生态圈。截至 2020 年年底，小镇累计完成投资 33.57 亿元，集聚 8 家上市企业，有近 3000 家市场主体，带动就业 22780 余人，累计产出 113.86 亿元。

小镇在产业发展中取得新进展。小镇注重强化双创驱动链，打造"科创人才走廊"，中科院慈溪中心、慈溪医工所新园区集聚高端人才 320 多名；创建制造共享链，2020 年，小镇内新注册商贸企业超过 100 家，重点引进商贸企业 23 家；延伸营销品牌链，如今已实现全球美发器行业、电熨斗行业隐形冠军由线下向线上转型。同时，小镇成立慈溪市新经济商会数字经济合作共同体，截至目前，小镇共有创业创新基地 8 个，引进投资类基金公司 8 家，吸引 59 个创业团队入驻，拥有专利 258 个。小镇服务呈现新气象，小镇发挥党建引领优势，持续完善体制机制，并且基本实现智慧管理，如无人收费停车系统全覆盖累计完成率达到 93%。同时，小镇坚持推进政府数字化转型，如今小镇政务服务

图 8-9　息壤小镇夜景图

图片来源：由息壤小镇提供。

图 8-10　息壤小镇鸟瞰图

图片来源：由息壤小镇提供。

办件线上受理率达到 80% 以上，掌上执法率达到 90% 以上。小镇基础配套全面完善，创客景观秀丽优美，构建了以小家电产业互联网化为特色的游赏体系，下设小镇十景，促进产城融合，并举办创业创新公共艺术、湾区经济高端论坛、为创新奔跑等一系列文化体育活动。

2021 年，小镇将持续发挥自身资源优势，进一步强化窗口意识、机遇意识，校准方向定位，把握机遇，在建设"重要窗口"的时代使命下，争创数字经济类特色小镇的"慈溪样板"。

◆ 绍兴市上虞区伞艺小镇

伞艺小镇（见图 8-11、图 8-12）位于绍兴市上虞区崧厦街道，总规划面积 3.47 平方千米，核心区面积 1 平方千米。崧厦年产值超 100 亿元，伞具产销量占全球 1/3，被命名为"中国伞城""国家外贸转型升

图 8-11　伞艺小镇远景图

图片来源：由伞艺小镇提供。

图 8-12　伞艺小镇鸟瞰图

图片来源：由伞艺小镇提供。

级基地（伞具）""省跨境电商产业集群试点"等。2020 年被评为绍兴市服务小微企业成长"优秀平台"，同时被认定为浙江省省级小微企业园。

小镇于 2018 年以高质量通过绍兴市特色小镇验收，2020 年被列入省级特色小镇第六批创建名单。2020 年，工业总产出 46 亿元，其中特色产业总产出 41 亿元，省特色小镇建设项目 41 个。小镇内已集聚了多家龙头企业，拥有省级以上品牌 12 个，起草国家、行业标准 12 项。

小镇重视数字化管理，加快销售端和生产端数字化转型，并聘请第三方专业团队编制"崧厦·中国伞业指数"；注重品牌化及高端化，加强产品设计研发，融入文创元素，打造更有品质的高端产品。小镇着力打造小镇景观，规划形成"一核两轴、四心四片区"的总体空间布局，以伞文化艺术村为主题打造小镇 3A 级景区。同时，重点挖掘小镇伞文化，宣传崧厦近 50 年的制伞历史，伞人奋斗精神、工匠精神，乌金纸、崧厦霉千张制作技艺等非遗文化。

伞艺小镇目标是在 2022 年力争被命名为第六批省级特色小镇，计划 3 年创建期内，小镇总投资约 50.56 亿元，预计在"十四五"规划期末，实现小镇经济总产值 160 亿元以上，年旅游总收入 2100 万元，新集聚企业 100 家以上，新增就业岗位 3500 个以上。实现"智创伞城，纳才天下"的目标愿景，借力"中国伞城"品牌优势，将小镇打造成"全球伞业智造中心""全球伞业文创中心""全球伞业旅游目的地"。

◆ 湖州市德清县地理信息小镇

地理信息小镇（见图 8-13、图 8-14）位于湖州莫干山国家高新区地理信息产业园区块，规划面积 4.69 平方千米。小镇以地理信息产业为核心，坚持"产、城、人、文"交融的理念，建设基础设施完善、商

图 8-13 地理信息小镇远景图

图片来源：由地理信息小镇提供。

务配套一流、高端人才集聚、生态环境优越、绿色休闲宜居、具有鲜明科技特征的新区域。小镇是率先获得命名的 7 个浙江省特色小镇之一，也是联合国世界地理信息大会的会址。

按照"产城融合"的建设理念，经过多年建设，地理信息小镇已初具规模，德清国际会议中心、国际展览中心、地理信息科技馆等一批基础设施和 58 幢产业大楼落成，近 2000 套人才公寓已投入使用。2018 年 11 月，成功举办首届联合国世界地理信息大会。

小镇以打造国际地理信息产业集聚区为目标，已引进千寻位置、正元地理、长光卫星等各类地理信息相关企业 400 余家，以及中科院微波特性测量实验室、武汉大学技术转移中心、浙江大学先进研究院及人工智能研究院等科技创新载体，形成了涵盖数据获取、处理、应用、服务

图 8-14　地理信息小镇鸟瞰图

图片来源：由地理信息小镇提供。

等完整产业链。地理信息小镇将按照"坚持产业发展'特而强'、功能叠加'聚而合'、建设形态'精而美'"的特色小镇创建要求，坚持产业、科技、文化、旅游、社区"五位一体"，生产、生活、生态"三生融合"，着力打造国际地理信息领域的时空数据中心、产业发展中心、科技创新中心、国际交流中心、培训体验中心，建成国际化品牌特色小镇。

第九章
江苏省特色小镇（7 个）

◆ 苏州市昆山市智谷小镇

智谷小镇（见图 9-1、图 9-2）位于昆山高新技术产业开发区阳澄湖科技园内，规划面积约 3.84 平方千米，建设用地约 0.765 平方千米，规划常住人口约 2.8 万人。沪宁城际铁路阳澄湖站到上海仅 20 分钟，

图 9-1　智谷小镇鸟瞰图

图片来源：由智谷小镇提供。

地理位置优越，具有较高的交通通达性。

小镇自 2017 年 5 月成功被纳入首批省级特色小镇创建名单以来，聚焦特色优势产业，集聚高端发展要素，突出"大学校区、科技园区、城市社区"三大主题，以昆山杜克大学为龙头，探索出一条高起点建设、产学研一体的特色小镇之路。

目前，小镇建成投运昆山工业技术研究院等 5 所重大新型研发机构，创办了以昆山高新技术创业服务中心、启迪科技园等为代表的 11 家孵化器、加速器，依托 4 个国家火炬特色产业基地，把建设自主可控的先进制造业作为主攻方向，着力形成新一代电子信息、小核酸及生物医药、机器人及智能装备三大支柱产业，以及金融服务、文化运动等高端服务业。当前，结合 5G、超级计算等新一代信息技术发展前沿方向，智谷小镇正与中国电信合作试点布局 5G 公用网络，将发挥昆山超算中

图 9-2　智谷小镇远景图

图片来源：由智谷小镇提供。

心超级计算机系统强大的算力支撑能力，为高端装备制造、绿色低碳、新材料、地球科学等国家重点科研应用领域突破性跃升注入强劲动力。

未来，智谷小镇将紧扣《昆山市城市总体规划（2017—2035)》，围绕"三湖两园一镇"科创布局，加快塑造智谷小镇"美""优"的形态，依托阳澄湖科技园的核心功能区，集中国际大学、科研办公、商务旅游等"头部资源"，利用最小空间实现生产力、创新力、承载力的最优布局。

◆ 苏州市高新区苏绣小镇

苏绣小镇（见图 9-3、图 9-4）位于苏州西部生态旅游度假区（镇湖街道），规划面积约 3.8 平方千米，总投资约 34 亿元，是江苏省首批特色小镇创建单位之一。

图 9-3　苏绣小镇近景图

图片来源：由苏绣小镇提供。

图 9-4　苏绣小镇鸟瞰图

图片来源：由苏绣小镇提供。

小镇立足江苏历史经典产业——苏绣产业的传承与发展，依托中国刺绣艺术馆、太湖国家湿地公园两个4A级旅游景区，围绕生产、生活、生态"三生融合"的目标，打造了小镇客厅（中国刺绣艺术馆）、绣品街、绣创空间（双创平台）、锦湖生活广场、"新集"苏绣小镇文创旗舰店等苏绣文化载体，形成了集文、博、展、研于一体的苏绣文旅街区。小镇享有"刺绣艺术之乡""中国刺绣基地镇""文化产业示范基地""江苏省非物质文化遗产生产性保护示范基地""国家级非物质文化遗产（苏绣项目）生产性保护示范基地"等殊荣。

目前，小镇连续三年举办第十届、十一届、十二届中国刺绣文化艺术节、江苏省"艺博奖—银针杯"刺绣作品大赛和江苏省大学生刺绣设计大赛，与苏州博物馆、上海顾绣研究所、国馆宝藏等合作举办主题展览，小镇工艺美术大师队伍携作品集体亮相中国美术馆。苏绣《仕女蹴鞠图》成为习近平总书记代表中国赠予国际奥委会的国礼，为进博会量身创作苏绣作品《玉兰飘香》惊艳亮相首届中国国际进口博览会。

　　未来，小镇将依托苏绣创新平台，围绕刺绣人才培育，统筹生产生活生态空间布局，在苏绣产业发展中融合生态体验，注重发展品质，营造宜居、宜业、宜游的良好环境，实现苏绣全产业链协同发展，真正满足人民日益增长的美好生活需要。

◆ 苏州市太湖体育运动休闲小镇

　　太湖体育运动休闲小镇（见图 9-5、图 9-6）位于苏州太湖国家旅游度假区。度假区是 1992 年首批国务院批准成立的国家级旅游度假区，拥有绝佳的太湖山水和深厚的人文底蕴。小镇及周边拥有国家 5A 级景

图 9-5　太湖体育运动休闲小镇渔洋山户外运动中心鸟瞰图

图片来源：由太湖体育运动休闲小镇提供。

点、国家 4A 级景区、太湖风景名胜区、国家森林公园、国家地质公园、国家级历史文化名镇名村、中国工艺雕刻之乡、中国花木之乡等 36 个开放式旅游景点。

太湖体育运动休闲小镇在体旅融合的发展道路上扎实推进，2020年 3 月，被江苏省发展改革委、省体育局、省旅游局联合命名为江苏省特色小镇，这是继中国体育旅游目的地、苏州市体旅精品项目、苏州市体育产业基地等荣誉之后，度假区在体旅融合上获得的又一殊荣。

体育场地建设方面，小镇滨湖红休闲步道、太湖足球运动中心、渔洋湾水上运动中心、渔洋山户外运动中心、太湖蓝马拉松赛道、光福和金庭登山步道等户外运动场地设施均已建成投用。足球产业发展方面，2021 年中超赛事集训将继续落户太湖足球运动中心，2021 年女足奥运预选赛集训和 2022 年卡塔尔世界杯苏州赛区预选赛的集训基地也落户

图 9-6　太湖湖滨湿地公园远景图

图片来源：由太湖体育运动休闲小镇提供。

中心。体旅活动打造方面，小镇连续数年举办多项品牌体旅赛事，如环太湖行走竞走多日赛、吴中四季越野赛；打造一批趣味休闲赛事，如熊本熊路跑、热波电跑、全民休闲皮划艇大赛、云赛渔洋、XTERRA 渔洋越野跑。2021 年 5 月 5 日，度假区自主 IP 第一赛事苏州太湖女子半程马拉松成功举办，赛事规模 5000 人，进一步充实了体育特色小镇品牌项目内容，提升太湖体育 IP 在全国范围内的影响力。太湖女子马拉松以打造成国家金牌赛事为目标，邀请中国田径协会与度假区管委会共同主办。

◆ 泰州市泰兴市凤栖小镇

凤栖小镇（见图 9-7、图 9-8）是泰兴高新区倾力打造的以节能环保为主题的特色"区中镇"。小镇规划面积 3.2 平方千米，核心区面积

图 9-7　凤栖小镇远景图

图片来源：由凤栖小镇提供。

图 9-8　凤栖小镇近景图

图片来源：由凤栖小镇提供。

约 1.1 平方千米，是高新区的重要组成部分。

小镇围绕"一核两带三区"的总体格局，定位"生产、生活、生态"融合发展。2018 年凤栖小镇入围江苏省特色小镇创建名单，并在年度考核中获评优秀等次，2019 年小镇在年度考核中依然获评优秀等次，小镇建设获泰州市"骏马奖"。

"人才、科技、创新"是小镇的灵魂，小镇聚焦聚力载体平台建设，集聚高端创新要素，倾力打造了科创"空间＋服务""三基地五中心"，为科技成果转化落地提供全生命周期"护航"。孵化基地累计入驻创新创业主体 624 家，创新创业人员 1800 多名；引进高层次人才 452 名，其中院士等国家级人才 35 名；成功举办和承办首届江苏特色小镇创新创业大赛、专题科技项目路演、专利推荐会、高峰论坛等创新创业活动上百场。

同时，小镇探索形成"1+1+1+N"政产学研资科技成果转化创新合作模式，有效推动人才链、产业链、资本链和科技链的深度融合，实现了特色彰显、功能叠加、产业集聚的创建主题。多年来，小镇坚持基础先行，聚力打造宜居宜业优质生活圈，不断提升综合承载力。已建成3A 级凤栖湖旅游景区，配套建设总面积 13 万平方米的凤栖奥特莱斯、5.2 万平方米的邻里中心、3200 平方米的文化创意中心、3 万平方米的体育健身中心，建成博士公寓、国际交流中心、凤栖湖开元颐居酒店，为人才创新创业提供配套完善的社区服务。

未来的凤栖小镇，将成为聪明才智充分涌流、创新活力竞相迸发、转型升级动力强劲，引领地方高质量发展的一张亮丽名片。

◆ 宿迁市保险小镇

保险小镇（见图 9-9、图 9-10）成立于 2010 年 8 月，前身为宿迁市软件与服务外包产业园，位于江苏省省级旅游度假区——宿迁市湖滨新区核心区。小镇规划面积 3 平方千米，核心区 0.8 平方千米，截至目前，已建成投用面积 270 万平方米，拥有 16 处房产、56 栋房屋，载体入驻率达到 90%。小镇是全国首家保险产业特色小镇、江苏省第二批特色小镇（连续两年在江苏省级特色小镇考核中排名第二），也是省级现代服务业集聚区、省级生产性服务业集聚区、省级科技产业园、省级服务外包示范区。

宿迁市被誉为"江苏后花园"，湖滨新区更是花园中的花园。小镇无疑是湖滨最耀眼的明珠。骆马湖、三台山国家森林公园、京杭大运河、故黄河、皂河古镇、乾隆行宫、晓店温泉等众多旅游资源点缀周边，造就了小镇独特的"人、文、山、水、城"人文形态和城市景观，得天独厚的人文自然生态为小镇发展奠定了良好的基础。

经过"十三五"期间的迅猛发展，小镇以扩大总量和优化结构并重，形成了以保险产业为特色、大数据产业为主导，云计算、物联网、保险金融、大数据、人工智能五大现代服务业产业百花齐放的格局。截至目前，投资 80 亿元的京东云数据中心、投资 30 亿元的京东云小镇已实现运营，一大批重点大数据类企业以及知名行业龙头相继入驻，保险、大数据类企业总数达到 300 家，其中，在小镇设立区域中心或分支机构的上市企业 32 家、世界五百强企业 16 家，年主营业务收入达 100 亿元，

图 9-9　保险小镇远景图

图片来源：由保险小镇提供。

从业人员超 8000 人。

开阔舒展的规划布局、风情浓郁的建筑风格、秀丽迷人的绿色生态、温馨统一的城市色彩、集聚发展的产业特色，勾勒出小镇精致迷人的风情。正是：绿水青山知有镇，白云明月偏相识。

图 9-10　保险小镇鸟瞰图

图片来源：由保险小镇提供。

◆ 无锡市江阴市新桥时裳小镇

新桥时裳小镇（见图 9-11、图 9-12）为江苏省首批特色小镇，面积 4.34 平方千米。设为高端产业总部集聚区、马文化文旅创意区和特色田园乡村带三大功能区。历经三年精心打造，体现出产业优而强、功能齐而全、形象精而美的特色，知名度美誉度不断提升，成为引领高质量发展的强引擎。

小镇产业智能化、绿色化、服务化、高端化，拥有海澜集团和江苏阳光集团两大国内行业龙头，拥有国家级、省级研发机构 4 家。三年来，累计获得发明专利 56 项，参与制定省级以上标准 53 件。2020年，小镇实现税收 24.6 亿元、主营收入 1120 亿元，经济总量占全镇的80%。

小镇宜居宜业。高标准建设新桥、黄河两大社区睦邻中心，以治理"一张网"、政务服务"一窗口"等创新实举，打通服务群众"最后 100米"；建成 15 分钟圈内人才专家公寓和职工公寓；基础硬件设备与服务设施齐全；大数据、物联网等现代新技术，开启小镇智慧新生活。

小镇十分注重生态环境，绿化覆盖率达 48%。飞马水城欧风雅韵，中外文化融合，特色田园乡村传承江南水乡历史文脉，古街、古寺、古桥修缮保护，精心打造的生态公园、生态家园彰显出江南水乡诗意栖居的生活。近年来，大力推广绿色节能建筑，有序布点新能源汽车充电

图 9-11　新桥时裳小镇近景图

图片来源：由新桥时裳小镇提供。

图 9-12　新桥时裳小镇鸟瞰图

图片来源：由新桥时裳小镇提供。

桩、公共自行车站点，率先实施垃圾分类。新建成的小镇客厅占地面积 1.45 万平方米，生动展示小镇产业、文化发展前景，建筑风貌与周边环境协调，成为小镇新地标。

小镇活力充沛，美誉度高。小镇飞马水城是全国唯一以马文化为主题的文体旅融合示范基地，是省级以上马术比赛、省级武术训练的永久性基地，荣获 2020 年度长三角地区精品体育旅游项目，先后承办国际马联青少年场地障碍赛、全国企业家活动日暨中国企业家年会、第十三届中国徐霞客国际旅游节开幕式等重要活动，小镇引入中青旅等品牌公司，在策划宣传、小镇推介、品牌运行等方面深度合作，不断提高社会影响力。

◆ 苏州市昆山市周庄水乡风情小镇

周庄水乡风情小镇（见图 9-13、图 9-14）范围 4.87 平方千米，东至康盛旅游综合体、大东圩港，南至南湖，西至西市河、白蚬湖、南沙港以西，北至天花荡以南、太史淀区域、南湖村、全旺路以北、秀海路。小镇区域空间由小镇客厅组团、景前服务组团、经典水乡生活组团、新江南水乡度假组团（一期、二期）、文创产业组团（南、北）组成。小镇于 2017 年 12 月入选第一批苏州市级特色小镇创建名单，并于 2018 年申报江苏省第二批旅游风情小镇，2020 年 8 月入选省级特色小镇创建名单，连续两年考核优秀。

图 9-13　周庄水乡风情小镇近景图

图片来源：由周庄水乡风情小镇提供。

周庄水乡风情小镇围绕"创客"设立孵化空间平台，通过文旅产业孵化、人才培育、应用试点，积极培育文化产业和文旅产业融合的新业态，周到服务、精准招商，打造水乡周庄、总部周庄、文化周庄三张名片。

　　结合国内外新冠肺炎疫情防控形势，借助全媒体营销平台，以节庆活动营销带动"全时段"旅游市场，高水平办好海峡两岸（昆山）中秋灯会、周庄国际旅游节、全球新经济产业论坛等重大活动，以及财神节、端午节等传统民俗文化活动。围绕"有一种生活叫周庄"的核心，讲好周庄故事，探索周庄经验，传播周庄模式。依托周庄 5A 级古镇景区和"中国第一水乡"品牌价值，出台"聚宝盆"高质量发展政策，举办旅游沙龙，营造周庄"旅游家"，创设企业资源共享服务平台，辅助新产业、新业态的增长；加强与苏州大学应用技术学院合作，打造优质人才培育的平台载体，服务特色小镇的发展。

图 9-14　周庄水乡风情小镇夜景图

图片来源：由周庄水乡风情小镇提供。

第十章
安徽省特色小镇（7 个）

◆ 黄山市屯溪区黎阳休闲小镇

黎阳休闲小镇（见图 10-1、图 10-2）位于黄山市中心城区西南端、黎阳镇核心区域，规划面积 2.98 平方千米，常住人口 4 万余人。2016 年被列为黄山市首批 12 个特色小镇之一。黎阳老街距今已有 1800 多年历史，文化底蕴深厚，古民居古建筑较多，自古以来就是皖浙赣三省边

图 10-1　黎阳休闲小镇夜景图

图片来源：由黎阳休闲小镇提供。

陲知名的商业中心和新安江码头重镇，有"唐宋之黎阳，明清之屯溪"之说。小镇内拥有建于明嘉靖十五年（1536 年）的镇海古桥、黎阳古街，还汇集了吊狮、地戏、龙舟、黎阳仗鼓、隆阜抬阁等徽州传统民间艺术。小镇拥有各级非物质文化遗产 13 项，4A 级景区 2 处，徽文化主题馆、剧场 7 处，学校、医院 11 所，大型商业中心 3 处，三星级以上酒店 4 家，新安江、率水、横江等河流穿境而过，滨水生态廊道环境优良。

黎阳休闲小镇先后荣获安徽省旅游特色小镇、安徽省特色街区、2019 世界休闲发展高峰论坛"中国文旅融合示范奖"、2019—2020 年度安徽省夜间文旅消费品牌"十佳夜游街区"称号等荣誉，已入选长三角城市群"心醉夜色"体验之旅示范点。

小镇立足"文化旅游、休闲养生"总体定位，聚焦文化休闲、旅游休闲、娱乐休闲三大支柱性休闲产业，突出徽州地域文化与现代时尚休

图 10-2　黎阳休闲小镇近景图

图片来源：由黎阳休闲小镇提供。

闲两大特色，融入现代生活元素、特色文化元素、生态景观元素等，深度打造兼具文化传统底蕴与时尚生活内容的特色休闲小镇。

◆ 黄山市黟县西递遗产小镇

西递遗产小镇（见图 10-3、图 10-4）总规划面积 2.98 平方千米，核心区范围为 1047 商贸街（现西递·驿项目）到徽韵西递，西递石林、自在谷为遗产小镇拓展区，小镇以"文化遗产＋旅游"为发展定位，以"遗产展示与传承"为核心产业，坚持"一次规划、分期实施"思路，积极培育小镇产业。2016 年，西递遗产小镇被列为全市首批 12 个特色小镇之一；2019 年，成功入选省级特色小镇创建名单。

2020 年度，西递遗产小镇累计完成固定资产投资 2.1 亿元，同比

图 10-3　西递遗产小镇夜景图

图片来源：由西递遗产小镇提供。

图 10-4　西递遗产小镇夏荷近景图

图片来源：由西递遗产小镇提供。

增长 10.7%，主导产业实现营业收入 4.23 亿元，财政收入 4020 万元，2018—2020 年连续三年实现正增长。

近年来，小镇依托绝佳的生态优势、深厚的文化底蕴和丰富的遗产资源，积极培育小镇产业，科学编制完成《黟县西递遗产小镇规划》《西递镇总体规划（2014—2030）》等规划。积极延伸拓展旅游业态、发展徽州研学产业，培育徽州研学基地 20 家、艺术大师工作室 10 家，吸引全国 200 多家中小学及院校师生研学体验，接待研学师生 30 多万人次，小镇先后列入第一批"全国中小学生研学实践教育营地""安徽省研学旅行实践基地"。发展非遗展示、文创休闲、"徽州三雕"等文创产品，培育产品制作及销售等经营主体 210 家，投资 3000 多万元打造以徽文化和民俗风情为题材的大型水幕秀《西递传奇》，并在中央电视台现场直播，成功开启了全国传统古村落夜游新篇章。另外，小镇已发展特色民宿 96 家、高端精品民宿 14 家，成功举办安徽民宿大会、西递·宏村申遗 20 周年庆典、西递音乐节等品牌活动，进一步提升了小镇的知名度。

西递遗产小镇产业培育目标明确，着力推进特色小镇的建设与打造，力争通过 3 年时间，将西递打造成世界遗产地中国区标杆、中华文化遗产典范。

◆ 芜湖市湾沚区殷港艺创小镇

殷港艺创小镇（见图 10-5、图 10-6）位于"全国重点镇"六郎镇，地处芜湖市具城乡接合部，是青弋江畔最富饶、最繁华、最优美的小镇。早在宋朝之后，便有"众商云集的殷实之港、物产丰富的鱼米之乡、风光旖旎的江南水乡"之誉，并形成了极具魅力的"六好儿郎"传说。小镇总规划面积 2.85 平方千米，建设面积 0.802 平方千米。小镇地理位置优越，G329 贯穿全境，距离市区 3 千米，到主城区 15 分钟车程，交

图 10-5　殷港艺创小镇近景图

图片来源：由殷港艺创小镇提供。

通便捷，镇内服务配套设施齐全。殷港艺创小镇先后获批"安徽省首批省级特色小镇"、"教育部优秀传统文化传承基地"、"安徽省文化产业示范基地"、"安徽省级众创空间"、"安徽省乡村旅游创客示范基地"、文化与旅游部"文化产业双创扶持计划"、"省级现代服务业集聚区"、"健康小镇"、"体育休闲小镇"。

殷港艺创小镇总体规划以建设"长江经济带上的大文化产业集聚区、乡村田园上的生态家园、青弋江边上的艺创高地"为目标，坚持以产兴镇，培育"艺创＋"特色产业。以文筑镇，传承殷港历史文化精髓，创造活力人文环境。以保护乡村生态为本底，以旧空间改造提升为亮点，统筹产业、人文、生态等资源，形成具有"三生融合"理念的艺创产业区、生活区和生态区。截至目前，殷港小镇扶持和引进了乡愁设计、安徽图优、众宣影视、绘艺阁手绘等艺术类和电商企业特色鲜明的

图 10-6　殷港艺创小镇实景图

图片来源：由殷港艺创小镇提供。

企业 100 余家，成功投融资孵化企业 10 余家，举办大型活动逾 100 次，为 50 多家孵化企业提供了创意设计、手绘、景观规划设计等服务，电商美工和职业技能累计培训 1920 人次，接待中外嘉宾来访交流 1000 多场、人员共计 30 多万人。

未来，殷港艺创小镇将延续、保育现有自然生态肌理，以"水、田"为自然生态本底，保护生态，保育资源，以水系、道路为骨架，构建蓝绿生态新格局。

◆ 合肥市巢湖经开区三瓜公社电商小镇

三瓜公社电商小镇（见图 10-7、图 10-8）在半汤街道汤山村，由安徽巢湖经济开发区与安徽淮商集团联手打造，位于安徽巢湖经济开发区西北部国家级旅游度假区——半汤温泉养生度假区的核心地带，区域面积 9.9 平方千米，其中耕地面积 1.4 平方千米，下辖 11 个自然村，常住人口 2 万人。小镇所在地属亚热带湿润季风气候，四季分明，气候温和，雨量适中，年平均气温 15.7 摄氏度，日照 2100 多个小时，降雨量近 1000 毫米。小镇紧邻国家级风景名胜区——巢湖，三面环山，江淮丘陵地貌，有陡坡高丘、低缓浅丘、山前倾斜平原、河流阶地、湖漫滩、浅滩等，附近自然和人文景观 130 多处，江、湖、山、泉并存，湖光、温泉、山色构成"巢湖风景三绝"，拥有大风湾水库和一座小型水库，2000 余亩的生态林，800 余亩的经济林，森林覆盖率达 80%，拥有温泉 18 处、冷泉 26 处。小镇生态环境良好，自然资源丰富，是著名的"鱼米之乡"，盛产大米、油料、蔬菜、家禽、水产品，"巢湖三珍"的银鱼、白米虾、螃蟹享有盛誉。

三瓜公社电商小镇所在的半汤拥有我国四大古温泉之一的半汤温泉，自古以来被誉为"九福之地"，因冷、热双泉而得名。紧邻国家 4A 级景区——郁金香高地，半汤拥有丰富的自然资源和底蕴深厚的文化积淀，是古人类的发源地、古文化的发祥地，是延续了几千年的有巢氏文化和古巢国的核心地带，旅游资源丰富，还有古巢国遗址、两枣农场、五谷农业、大风湾、二十四节气馆、东篱花圃、三瓜公社手工作坊群等众多景点。

2015 年 9 月建设以来，小镇坚持以"把农村建设得更像农村"的设计理念，以"整旧如故，体验其真"的规划理念，通过"互联网 +'三农'"的实施路径来探索一二三产业融合，农旅、商旅、文旅"三旅融合"，生产、生活、生态"三生融合"，结合休闲农业发展和美丽乡

图 10-7 三瓜公社电商小镇近景图

图片来源：由三瓜公社电商小镇提供。

村建设，重塑生态、重塑产业、重塑农民，走新型城镇化和绿色生态发展之路。小镇着力打造蓝天白云下的产业，制造青山绿水间的产品，实施乡村振兴战略，积极探索可持续、可复制、可输出的产业引领、主客共享、生活化的乡村发展创新模式。

图 10-8 三瓜公社电商小镇鸟瞰图

图片来源：由三瓜公社电商小镇提供。

◆ 蚌埠市怀远县上谷农贸小镇

上谷农贸小镇（见图 10-9、图 10-10）位于安徽省蚌埠市怀远县，地处皖北，淮河中游，规划占地面积约 5.32 平方千米（含 1.96 平方千米的辐射面积），核心建设面积约 1 平方千米。2017 年荣获安徽省级首批特色小镇，怀远县先后被评为全国粮食生产先进县、全国科技进步先

图 10-9　上谷农贸小镇远景图

图片来源：由上谷农贸小镇提供。

进县、全省科学发展先进县。

上谷农贸小镇延伸了农业价值链，利用新技术新模式，打造集农产品交易、加工、农业经纪人、农产品科研培训、检测检疫、智能化仓储、农产品溯源、金融配套、参观旅游、社区配套等功能于一体的园区。

在项目建设方面，小镇重点项目建设有序推进，累计完成固定资产投资 33 亿元，核心区包括今三麦、亚太石榴等企业与其周边配套形成产城融合综合体和上谷农产品批发市场。小镇配套服务设施及周边公共服务设施不断完善。在产业培育方面，小镇共聚集 230 家特色产业主体（包括企业和个体工商户），成功培育规模以上企业 7 家，主导产业主营业务年收入 7.4 亿元，年均增长 26%。在创新发展方面，小镇范围内重点企业拥有专利 25 项，入驻科技型中小企业 4 家，先后与安徽财经大学、安徽农业大学等院校合作，成立产学研基地。在规划引领方面，规划建设四大片区，强化品牌推广培育，小镇开通并运营微信公众号，推动小镇智慧化建设。

　　未来，小镇将立足怀远农业大县，以农产品流通全产业链为主导产业，致力于建成产学研基地、名特优产品的孵化器。深入推进农业供给侧结构性改革，实施乡村振兴战略，努力打造现代农业的"华尔街"及生态美丽小区，真正做到生产、生态、生活"三生融合"。

图 10-10　上谷农贸小镇鸟瞰图

图片来源：由上谷农贸小镇提供。

◆ 亳州市谯城区古井白酒小镇

　　古井白酒小镇（见图 10-11、图 10-12）位于全国重点镇、全国环境优美镇、全国建制镇示范试点——亳州市谯城区古井镇的核心区。2018 年 4 月，古井白酒小镇被评为亳州市首批特色小镇；2019 年 3 月，被评为第二批省级特色小镇。古井白酒小镇区位条件优越，位于中原城市群核心发展区，隶属皖北城市群；交通四通八达，105 国道就近通过，距泗许高速入口仅 10 千米，距亳州火车站 15 千米，距高铁亳州南站 20 千米，距亳州市中心城区 20 千米。古井白酒小镇位于古井镇集镇建成区，规划面积 3.48 平方千米。古井白酒小镇预计总投资 31.42 亿元，主要包括基础设施类、产业发展类和安置类项目。

白酒产业是古井白酒小镇的核心产业，小镇已形成以古井集团为龙头的白酒产业集群。辖区内共有白酒企业 104 家，拥有古井贡、古井、店小二、金坛子 4 个全国驰名商标，拥有难得糊涂、皇驾、闯王、老贡、唐坊、天蕴皖等 18 个安徽省著名商标。小镇白酒产业链完整，拥有相关配套的制瓶企业、彩印企业、瓶盖企业及下游酒糟饲料加工企业等，同时兼具白酒研发、白酒企业孵化等功能。2018 年，小镇的白酒产业产值达到 102 亿元；2020 年，白酒产业实现产值 146 亿元，白酒业及上下游产业吸纳就业人员达 3.6 万人。

图 10-11　古井白酒小镇近景图

图片来源：由古井白酒小镇提供。

　　未来，小镇将积极借鉴国内外知名特色小镇建设成功经验，立足定位、聚焦特色、致力标杆，深入谋划小镇建设的新思路、新机制、新抓手，争先创优。2021 年，谯城区古井镇成功入选首批安徽省特色旅游名镇，白酒产业已成为古井镇的金字招牌。古井白酒小镇以"酒业、酒文、酒创、酒镇，共铸酒魂"理念为引领，致力于创建体现贡酒文化特色的中华徽酒第一镇。通过古井白酒小镇的建设，最终将古井镇打造成为全国知名特色小镇、安徽省特色小镇建设示范镇和带动谯城区发展的核心引擎。

图 10-12　古井白酒小镇鸟瞰图

图片来源：由古井白酒小镇提供。

◆ 芜湖市湾沚区航空小镇

　　航空小镇（见图 10-13、图 10-14）位于安徽省湾沚区东部，总规划面积 3.49 平方千米，总建设面积 1.67 平方千米。小镇紧紧围绕通用航空主业，探索"航空主题生活化、生活场景航空化"的特色化发展路

图 10-13　航空小镇实景图

图片来源：由航空小镇提供。

径，致力于打造全国通航产业的综合示范标杆和国际航空小镇的创新发展典范。

小镇以通航高端研发制造和通航运营保障为主导，以航空科教创新和航空文旅服务为支撑，打造"两核双翼"四大产业板块，构建研发、制造、维修、运营"四位一体"航空产业发展生态链。小镇采用政府引导、企业主体、市场合作、专业运营和政策保障"五位一体"的发展思路，大力推进政府和社会资本合作，实现建设运营机制的创新。

经过 8 年多的发展，航空小镇的各项产业取得了从无到有、从弱到强、从整机到部件、从初创团队到龙头企业的突破。现已吸引通用整机、无人机、发动机、螺旋桨、航电系统等 60 余个核心及关联企业入驻。2020 年小镇签约项目 30 个，协议投资额 151.49 亿元。芜宣机场首条航线已于 2021 年第一季度正式开通；小镇也在推动三元通用机场飞行区升级改造工程建设，互通航线，打造 G60 "空中走廊"。

接下来，航空小镇将以"十四五"规划为崭新蓝图，依托芜湖航空产业基础和科教创新资源，瞄准国内航空装备"卡脖子"的关键技术，打造自主可控的航空智造产业链；构建系统高效的航空运输网络；建设"三航合一"的低空运行体系；同时以《安徽省国民经济和社会发展第十四个五年规划和 2035 年远景目标纲要》为指引，努力把航空产业培育成全省新的经济增长点。

图 10-14　航空小镇近景图

图片来源：由航空小镇提供。

第十一章
吉林省特色小镇（5 个）

◆ 延边州安图县红丰矿泉水小镇

红丰矿泉水小镇（见图 11-1、图 11-2）位于吉林省安图县西南部、长白山北麓，小镇规划面积 3.67 平方千米，建设用地 2.4 平方千米。先

图 11-1　红丰矿泉水小镇风景图

图片来源：由红丰矿泉水小镇提供。

图 11-2 红丰矿泉水小镇鸟瞰图

图片来源：由红丰矿泉水小镇提供。

后被评为吉林省特色产业小镇及入选全国特色小镇 50 强行列，且获得中国矿泉水之乡、中国生态原产地品牌示范区、国家级出口食品质量安全示范区、全国知名品牌示范区、中国矿泉水之乡建设标兵单位等荣誉称号。

小镇借助长白山旅游迅猛发展之势，重点打造生产加工区、休闲养生区、生产服务区、美丽宜居区四大区域。配套建设铁路货运中心、小镇客厅、矿泉水检测中心、水文化体验中心、光幻森林、天泉塔等基础设施及小镇主干道、外环路、高速互通等道路项目，连通长白山旅游公路。目前，小镇集聚效应已见成效，成功引进广州恒大、台湾统一、韩国农心、福建雅客、内蒙古伊利等 19 家国内外知名品牌企业。累计完成工业投资 48 亿元，建成工业厂房 35 万平方米，投产企业达到 5 家。

2020 年，矿泉水产能已达到 300 万吨、产量 70 万吨、产值 10 亿元，预计到 2025 年，可实现"产量千万吨，产值百亿级"目标。同时，小镇积极发展现代农业和文化旅游业，打造矿泉水工业旅游基地，形成了独具特色的旅游景点。此外，小镇内的魔界风景区被评为国家 4A 级风景区，周边区域拥有星级宾馆 20 余家、餐饮服务场所 50 余个，年接待游客人数超过 50 万人次，配套功能设施齐全。

未来，小镇将依托得天独厚的矿泉水资源，着力做大"水"文章，全力推进资源转化，大力发展矿泉水等绿色产业，真正将小镇打造成为世界级天然矿泉水基地。

◆ 吉林市蛟河市天岗花岗岩小镇

天岗花岗岩小镇（见图 11-3、图 11-4）位于蛟河市西部，地处东北亚经济圈核心地带，长吉图开发开放先导区直接腹地和中间节点。域内花岗岩储量极为丰富，曾应用在天安门广场、人民大会堂、成都天府机场、厦门地铁、重庆地铁、海口美兰国际机场等，占东北石材市场份额 60% 以上，远销日本、韩国、东南亚、欧美等国家和地区。

小镇大力发展石材循环经济，加大环保设施投入，引导东北石材产业绿色、高质量发展。小镇分为生产加工、矿山开采、循环利用、展示交易、商务服务、科技创意、仓储物流、世界石材进出口加工八大功能区。目前，小镇共有企业 292 家，其中，矿山企业 10 家、高端石板材加工企业 22 家、中等规模企业 83 家、小规模企业 170 家、石材废弃物综合利用企业 7 家。年生产石板材 2500 万平方米，条石 1000 万块，异型石 200 万件（套），工业总产值实现 22.5 亿元，带动就业 2 万余人，

图 11-3　天岗花岗岩小镇远景图

图片来源：由天岗花岗岩小镇提供。

图 11-4　天岗花岗岩小镇鸟瞰图

图片来源：由天岗花岗岩小镇提供。

已初步形成了矿山开采、板材加工、石浆废料综合利用、产品运销等闭环产业链条。

　　未来，小镇将继续坚持"绿水青山就是金山银山"的发展理念，积极厚植环保根基，营造绿色和谐共生的企业文化氛围，将小镇建设成为东北亚最大的集绿色石材生产加工、产品销售、仓储物流、研发、工艺设计、集成应用体验等功能于一体的现代石材小镇。

◆ 长春市鹿乡梅花鹿小镇

　　鹿乡梅花鹿小镇（见图 11-5、图 11-6）位于长春市区、四平地区和双阳城区交会处，处于长春现代化都市圈核心区，有 300 多年圈养鹿的历史，鹿产品远销欧美、日韩、东南亚等多个国家和地区，鹿业总产值 40 余亿元，鹿茸总产、单产、优质品率和出口创汇率稳居全国各县

图 11-5　鹿乡梅花鹿小镇景观图

图片来源：由鹿乡梅花鹿小镇提供。

图 11-6　鹿乡梅花鹿小镇风景图

图片来源：由鹿乡梅花鹿小镇提供。

（区）之首，已经成为全国最大的鹿产品集散地。

　　小镇充分放大梅花鹿产业优势，注重产业融合、文化融入、治理融通。目前，鹿存栏 14.6 万只、占全国 1/6，养鹿户 1 万多，中小型鹿场 1400 个，现有生产研发类企业 40 多家，其中市级以上农业产业化龙头企业 13 家，研发了 140 多种产品，实现了药品、保健品、饮品等多个方面的突破。

　　小镇坚持以文塑魂，把鹿文化融入楼体立面、广场绿地、精品地标、围栏围挡等关键节点，"双阳梅花鹿"品牌获批国家地理标志证明商标，被评为"国家农产品区域公用品牌""全国绿色农业地标品牌"等殊荣，已经成为双阳城区、长春市乃至吉林省对外发展的一张"金名片"。

120 中国特色小镇 ┃ 2021 年发展指数报告

未来，小镇将以习近平总书记关于新型城镇化战略的重要论述为指引，深入实施乡村振兴战略，持续推进以人为核心的新型城镇化，加速推动产业融合，全面提升治理能力，在长春现代化都市圈建设、吉林全面振兴全方位振兴进程中贡献力量。

◆ 白山市抚松县万良人参小镇

万良人参小镇（见图 11-7、图 11-8）位于吉林省东南边陲、长白山西麓、松花江上游，地处长白山腹地，平均海拔 512 米，土壤结构丰富，全年无霜期 115—120 天，年有效积温在 2100—2300℃，降水量

图 11-7　万良人参小镇近景图

图片来源：由万良人参小镇提供。

Small Town with Chinese Characteristics

图 11-8　万良人参小镇入口图

图片来源：由万良人参小镇提供。

800 毫米，独特的地理气候条件，孕育了汲天地灵气和精华的长白山人参。小镇人参栽培已有 400 多年的历史，人参栽培面积及产量居全国之首，是蜚声国际的"参乡明珠"。

亚洲最大的人参交易——万良长白山人参市场坐落在万良镇，年人参交易份额占全国 80%、世界 70%，在人参市场的辐射带动下，形成了集人参种植、加工、研发、营销于一体的全产业链发展模式，万良镇因此成为经济强镇、产业强镇，先后被吉林省委、省政府授予"小城镇建设先进镇""小城镇建设重点镇""十强镇"称号，入选国家级"淘宝镇"，实现了吉林省"淘宝镇"零的突破，被中央文明委授予"全国文明村镇"

称号，被中共中央组织部授予"全国先进基层党组织"称号。

近年来，万良镇"明大势"求创新，"多维度"增效能，锻造产业硬核支撑。万良镇充分发挥大产业、大商业、大流通的优势，以良好的经营信誉和产业影响力，吸引全国 30 多个省（自治区、直辖市）、近千家客商入驻人参市场，产品远销日本、韩国、新加坡、中国香港、中国台湾等国家和地区。目前，全镇有 2824 家人参加工业户、96 家规模以上企业，其中，省级龙头企业 4 家、市级龙头企业 5 家，形成了食品、保健品、化妆品、药品四大系列 300 余种人参精深加工产品。依托人参产业，电子商务蓬勃发展，全镇抖音、快手、淘宝、京东等电商线上年交易额突破 2 亿元。

未来，万良镇将主动融入吉林省"一主六双"产业空间布局，以白山市创建"一谷一城"为指引，聚焦"一区三城"建设，依托人参产业基础，回归人参商品价值，做精做大人参品类，全力打造"抚松人参"品牌。同时，启动人参特色产业小镇工业园区建设，以种植标准化、加工精深化、经营产业化、监管规范化为发展方向，高起点规划人参特色产业小镇建设，推动产业集聚，全力打造世界级的人参产业航母。

◆ 白山市江源区松花石小镇

松花石小镇（见图 11-9、图 11-10）位于江源区主城区，交通便利，具有较强的辐射作用和核心优势。小镇域内松花石资源丰富、品质优良，松花石产业起步早，发展快，基础扎实，拥有一大批具有较高文化素养、鉴赏能力、研发能力和市场推广能力的人才，经过十余年的发展，已经形成了小规模、大群体的发展格局，在各地松花石产业发展进

图 11-9　松花石小镇鸟瞰图

图片来源：由松花石小镇提供。

程中一直处于领跑地位，获有"中国松花石之乡""中国松花砚之都""中国松花石文化产业基地"等美誉。

　　小镇包括四类功能区：繁荣商业区、高效创业区、美丽生态区、宜居生活区。繁荣商业区规划建设松花石主题酒店、江源工艺品展销中心、满族风情街、满语学校、剪纸艺术坊、民族演艺中心、特色民宿群、酒吧文化街等项目；高效创业区规划建设松花石产业园、松花石博物馆、松花石艺术工作室等项目；美丽生态区规划建设滨河公园项目；宜居生活区规划建设特色民俗群、生态康养中心、禅隐会所、中草药休闲农场、森林健身步道、半山景观台、山地度假酒店、庭院会议中心、企业会所、山景住宅等项目。

图 11-10　松花石小镇博物馆近景图

图片来源：由松花石小镇提供。

目前，小镇建设初具规模，奇石文化城、松花石博物馆、松花石艺术馆、绵延 6 千米松花石一条街已建设完成。从事生产经营的企业和商户约有 200 家，其中松花石加工业户 150 余家，具有一定规模企业 11 家，引资企业 9 家，配套企业 16 家，产业链条基本完善。

未来，小镇将以松花石产业、旅游产业为主导，将满族文化和松花石元素相融合，努力建设集文化体验、旅游观光、会议展示、休闲娱乐、温泉养生于一体的白山市文化旅游核心集聚区，努力打造中国松花石之都、中国知名满族风情小镇、东北休闲养生度假目的地、吉林文化旅游领导品牌、长白山地区旅游度假标杆，带动区域社会文化、经济快速提升和发展。

第十二章
河北省特色小镇（5 个）

◆ 沧州市沧县明珠服饰小镇

明珠服饰小镇（见图 12-1、图 12-2）位于河北沧东经济开发区，项目占地 333 万平方米，总建筑面积约 280 万平方米，总投资超 120 亿元，西接沧州市核心城区，东邻黄骅港，与渤海新区遥相呼应，处于沧港经济产业带上率先崛起的重要战略节点位置。小镇集服装设计研发、

图 12-1　明珠服饰小镇近景图

图片来源：由明珠服饰小镇提供。

生产加工、面辅料"一站式"采购、仓储物流、电子商务、文化休闲、会展服务、旅游购物等于一体，打造一座综合产业特色生态新城。

　　小镇先后引入国家毛衫纱线资源共享平台、FDC 面料图书馆、主导服装智能生产线的研发和建设，积极推进服装 3D 设计的推广，推动服装供应链的建设，并建立沧州明珠国际服装生态新城枣庄服装生产基

图 12-2　明珠服饰小镇实景图

图片来源：由明珠服饰小镇提供。

地等。同时扎实推进引才措施，发挥领军人才的作用，为吸引更多人才的入驻奠定了基础。小镇专注"互联网 + 智能制造"，以信息化工业化深度融合为基础，引进智能生产设备、先进生产工艺和管理，建成了以大数据为基础的智能生产车间，可实现 5 秒量体、2 小时就能完成一件衬衫的定制。并专门设立服装工厂直营店，有效促进产业链上下游企业的对接互通，免去中间环节，厂家直销，让消费者以最优惠的价格，购买到最心仪时尚的服装。此外，小镇力求打造展现全省服装行业设计风采和燕赵人文风貌的新窗口，先后成功举办了 2019 年第三届沧州市旅

游产业发展大会、2020 年步童凡响全国创意服饰大秀、河北省纺织与服装行业协会二届五次理事会、以"后疫情时代的服装行业变局"为主题的高峰论坛、"明珠杯"第 16 届河北省服装设计暨服装模特大赛、2020 年第三届河北时装周等一系列大型活动。明珠生态新城的户外水上 T 台，简约工业与现代时尚相结合，浑然天成，是自河北时装周创办以来首个户外时装秀场。

未来，小镇将继续借助沧州沧东经济开发区绝佳的区位优势、便捷的交通运输网络，以京津冀协同发展国家战略为契机，围绕承接京津冀协同发展非首都功能产业疏解为重点，以服饰设计加工产业为主攻方向，将沧县明珠服饰小镇打造集产业链、投资链、创新链和服务链于一体的产业创新生态系统，促进新型工业化、城镇化、信息化和绿色化融合发展。

◆ 衡水市武强县周窝音乐小镇

周窝音乐小镇（见图 12-3、图 12-4）位于武强县周窝镇周窝村，该村是周窝镇政府驻地，也是金音乐器集团所在地。小镇建设依托该村良好的产业基础和典型的北方民居特色，先后入选首批中国特色小镇、全国魅力新农村、全国最美村镇、全国生态文化村、中国乡村旅游模范村、全国特色景观旅游名镇、全国乡村旅游重点村、河北省森林乡村、河北省旅游休闲购物街区等。截至 2020 年，旅游接待累计 120 万人次，旅游总收入达到 3.6 亿元。

小镇按照"政府统筹、市场主导、项目主体、产业互动、社会共建"的发展模式，坚持规划引领，强化资源优势，突出产业特色，推进项目建设，带动小镇可持续快速发展。一是突出规划引领。小镇规划确定了"一轴贯穿，五区联动"（一轴：以 307 国道音乐之旅为轴；五区：休闲体验区、科教研学区、户外营地区、乐器博览区、观光采摘区）大格局。二是突出市场主导。紧紧把握当今乡村旅游市场多元化、多层次的消费特点，打造适合市场消费诉求的复合型乡村旅游产品，构建旅游消费一体化的市场体系。同时，坚持市场化运作，将小镇运营、环境维护全部由专业公司进行管理，有效推动小镇的可持续发展。三是突出产业特色。依托乐器产业优势，实现了从单一的乐器生产到文化旅游、乐器展销、音乐教育、手工定制、品牌加盟的全产业链，带动各类与乐器制造相关的小微企业如雨后春笋般成长起来。四是突出项目带动。坚持以项目建设为载体，对基础设施和服务配套设施进行建设，进一步完善小镇服务功能。积极争取上级资金项目，引进建设一批重点项目，进一步丰富了产业业态，延伸了产业链条，提升了小镇承载力。

图 12-3　周窝音乐小镇夜景图

图片来源：由周窝音乐小镇提供。

图 12-4　周窝音乐小镇近景图

图片来源：由周窝音乐小镇提供。

通过近几年的持续发力，小镇实现"四个成效"：一是产业振兴带动农民增收；二是人才振兴带动大学生、企业家返乡；三是文化振兴带动村民素质提升；四是生态振兴带动乡村面貌改善。未来，小镇将坚持以乐器制造为基础、乡村旅游为核心、音乐教育为引擎，完善服务功能，培育产业新业态，将周窝音乐小镇打造成中国乐器文化与音乐产业的高地。

◆ 邢台市清河县羊绒小镇

羊绒小镇（见图 12-5、图 12-6）位于中国羊绒之都、中国羊绒纺织名城——河北清河，规划面积 3.2 平方千米，建设面积 2.5 平方千米，主要包括商贸区、电子商务区、生态休闲区、智能制造区四个板块，是集智能制造、文化创意、旅游购物、休闲度假于一体的创意休闲新时尚聚集区和京津冀度假旅游胜地。小镇现有 600 余家羊绒品牌经销商入驻，年营业收入突破 100 亿元，年到访游客 10 万人次，是国家有关部门认定的中国服装品牌孵化基地、国家级电子商务示范基地、国家 3A 级旅游景区、国家纺织服装创意设计试点园区。

图 12-5　羊绒小镇近景图

图片来源：由羊绒小镇提供。

羊绒小镇以羊绒产业为基础，是清河羊绒产业的主要聚集区。清河羊绒产业始于 20 世纪 70 年代末，从原料分梳起步，历经 40 余年的发展，逐步培育形成了纺纱、织布、织衫的完善产业链条，年产值达到 238 亿元，占据全国 50% 以上的市场份额，已经成为全国最大的羊绒加工集散地、全国最大的羊绒纺纱基地和全国重要的羊绒制品产销基地。小镇内拥有创意设计企业及机构 60 余家，其中，省级研发设计机构 1 家、省级企业技术中心 1 家、市级工程技术研究中心 1 家、市级科技企业研发中心 3 家，设计师 500 余名，2019 年年底成功入选国家级创意设计试点示范园区，成为羊绒制品创意设计领域唯一试点单位。羊绒小镇网店数量超过 1 万家，"专业市场 + 电子商务"的清河模式享誉行业内外，中国最大的羊绒制品网销基地蔚然成型。此外，小镇文化旅游功能完备，建设了中国羊绒博物馆、羊绒时尚馆、小镇客厅、Model 广场等具有显著羊绒特色的参观游览平台，逐渐形成了"工业生产 + 旅游体验""有形市场 + 网络市场"互动的鲜明特色。

未来五年，羊绒小镇将以时尚为引领，以设计原创化、制造智能化、产品四季化、渠道多元化为实施路径，坚持产业和市场双轮驱动，紧紧抓住国家和河北省支持特色小镇发展的政策红利，精心谋划，创新举措，着力打造国家级特色小镇和中国羊绒时尚中心。

图 12-6　羊绒小镇实景图

图片来源：由羊绒小镇提供。

◆ 石家庄市鹿泉区君乐宝奶业小镇

君乐宝奶业小镇（见图 12-7、图 12-8）位于鹿泉区铜冶镇，规划面积 3 平方千米，2015 年被评为国家 4A 级旅游景区，小镇常住人口 1.5 万人。小镇总投资 23.25 亿元，主要建设乳制品加工区、现代化牧场等服务设施，通过奶牛科普馆、挤奶大厅等设施，全面展现乳业历史、产业知识，形成集农牧体验、文化科普等多种功能于一体的生态观光牧场。

君乐宝乳业集团成立于 1995 年，经过 26 年发展，已经成为河北省最大的乳制品加工企业，是农业产业化国家重点龙头企业、国家乳品研发技术分中心，公司现有员工 14000 余人，在河北、河南、江苏、吉林等地建有 20 个生产工厂、13 个现代化大型牧场；业务范围涵盖低温酸奶、婴幼儿奶粉、常温液态奶、牧业四大板块，建立起涵盖奶业全产业链的运营布局，销售市场覆盖全国。2020 年，君乐宝集团实现产量 109.45 万吨，同比增长 2.54%；销售额收入 180.7 亿元，同比增长

图 12-7　君乐宝奶业小镇牧场图

图片来源：由君乐宝奶业小镇提供。

图 12-8 君乐宝奶业小镇远景图

图片来源：由君乐宝奶业小镇提供。

16%；上缴税金 8.39 亿元，同比增长 22.16%。

为了让更多的人有机会走进君乐宝、了解君乐宝，君乐宝按照"三产融合"的理念，打造了优致生态牧场、酸奶工厂、奶粉工厂、酸奶文化馆等一系列休闲旅游景点，全部免费向消费者开放，打开大门供消费者体验，接受消费者的监督。截至 2020 年，累计接待游客 400 余万人。目前，位于铜冶镇的君乐宝现代农业园区是"河北省现代农业园区"，君乐宝优致牧场被评为国家 4A 级旅游景区。

同时，依托君乐宝这一龙头企业，吸引了稻香村总部在此落地生根，康师傅饮品、洛杉奇食品、家家惠馒头、军粮集团等众多知名企业以及 100 多家小企业在此投资兴业，加速了绿色食品产业的聚集，走出了"以龙头企业带动主导产业，以主导产业拉动相关产业，以相关产业激活区域经济，以区域经济促进奶业小镇建设"的道路。

◆ 廊坊市永清县云裳小镇

　　云裳小镇（见图 12-9、图 12-10）位于永清县京台高速永清北出口处，居于北京—雄安—天津间的核心区域，占地面积约 3 平方千米，规划总投资约 305 亿元，是"北京疏解非首都功能首批重点承接项目"和"河北省重点项目"，2017 年被批准为"河北省首批特色小镇创建项目"。云裳小镇 2018 年被列为"国家纺织服装创意设计试点园区"，这是河北省首个国家级创意设计园区，聚集千家企业的"京津冀服装行业委员会"成立并入驻小镇。云裳小镇目前累计已完成投资 46.6 亿元，年经营额超过 50 亿元，从业人员近 1.5 万人，吸纳本地就业人口 3000 余人，缴纳税金近 3 亿元。

　　云裳小镇既是国家创意设计园区，又是时尚产业特色小镇，构建"时尚创意产业链"成为云裳小镇创建特色小镇的核心特色；从原材料

图 12-9　云裳小镇街景图

图片来源：由云裳小镇提供。

采购到研发设计和个性定制，再到展示交流交易，形成完整的时尚产业链体系，作品、产品、商品完整，品类、品牌、品位完全，赋予和展现了特色小镇全新的、可持续发展的动力和前景。

云裳小镇作为集创意设计研发、文化展览展示和时尚信息发布、商贸交流交易等于一体的时尚创意特色小镇，未来的发展方向是：将云裳小镇建设成为京津冀区域创意产业研发设计的主要集聚圈、文化产业展示传播的重要集合区和时尚产业商贸交易的首要集散地，发展成为京津冀地区时尚产业的核心基地和中国服饰走向国际的发展新高地。

图 12-10　云裳小镇入口图

图片来源：由云裳小镇提供。

第十三章
湖南省特色小镇（5 个）

◆ 湘西州永顺县芙蓉镇

芙蓉镇（见图 13-1）地处武陵山区，坐落于湘西州永顺县南端 41 千米处，是湘西"四大名镇"之一。先后被评为"国家历史文化名镇""中国十佳旅游休闲古镇""全国十佳聚落美名镇""国家 4A 级旅游景区""湖南省首批美丽乡镇""湖南省特色文旅小镇""湖南省卫生镇""全国文明村镇""中国最美小镇"。

这是一座有着千年历史文化的特色文旅小镇，有着"酉阳雄镇""挂在瀑布上的千年古镇"等美誉。镇内有高 60 米、宽 40 米的大瀑布，地方民族风情特色建筑土司王行宫吊脚楼群、土家族人穴居遗址，记载土家族政治军事历史的国家重点保护文物 2.5 吨重的"溪州铜柱"，被列入世界地质公园名录的湘西世界地质公园博物馆，见证千年古镇的五里石板街，被国务院列为第一批国家级非物质文化遗产保护名录的"毛古斯"舞蹈，厚重的土家文化传统社巴节、莓茶节，独特的晚会《芙蓉小戏》。小镇策划了一批以土司文化为灵魂，具有民族特色、独具艺术魅力的文创活动，如"2020 土家社巴节暨第七届摸泥节""土家文化传播

图 13-1 芙蓉镇远景图

图片来源：由芙蓉镇提供。

活动""花开芙蓉——毕兹卡的狂欢""全国性文旅展会"等。

芙蓉镇以旅游业为核心，大力发展特色产业。2020年，接待游客突破302万人次，旅游总收入12.42亿元，镇内宾馆民宿酒店增长到320家，旅游从业人员达到10141人，占镇常住人口30%以上。

未来，芙蓉镇将以"永顺城市新门户、三产融合先导区、世界旅游目的地"的定位，朝着打造"文化重镇、旅游古镇、经济强镇、美丽新镇"的目标奋勇前行。

◆ 娄底市双峰县永丰农机小镇

永丰农机小镇（见图13-2、图13-3）位于湖南省双峰县县城，规划面积为3.05平方千米，是"中国农业机械之乡""中国碾米机械之乡""湖南省农机产业基地""湖南省新型工业化示范基地(农机制造)""湖南省农机产业园所在地"。

近年来，小镇围绕服务丘陵山区农业和家庭农场，大力发展"先进、适用、精致"的农机装备，产品涵盖田间作业耕种收烘、农用运输、农产品加工全过程，拥有从原材料供应到产品研发、制造、销售、服务的完整产业链，形成了规模较大、竞争力较强的农机产业集群。2020 年，小镇特色产业产值达 60.2 亿元，农机企业 85 家，规模以上农机制造企业 56 家，吸纳就业 18500 余人，有 6 家国家级高新技术企业、2 个省级研发中心、8 个省级产学研基地。产品畅销泰国、印尼、缅甸等东南亚国家，外贸出口年增长率在 20％以上。小镇生产的组合米机、谷物烘干机、玉米脱粒机、电动风车占据国内 60％以上的市场份额。

图 13-2 永丰农机小镇远景图

图片来源：由永丰农机小镇提供。

图 13-3　永丰农机小镇重点地段鸟瞰图

图片来源：由永丰农机小镇提供。

　　未来，永丰农机小镇将依托国内市场地位，发挥国家级和省级企业技术中心功能，大力发展"轻便、适用、实惠"和"小、精、尖"的农机装备，做强产业优势；大力推动创新发展，逐步完成从农机制造向农机"智造"的转变；主动对接融入"一带一路"建设，积极拓展巩固东南亚、非洲市场，加快"走出去"步伐。

◆ 长沙市浏阳市大瑶花炮小镇

　　花炮小镇（见图 13-4、图 13-5）位于湘赣两省、萍乡浏阳醴陵三市交界处，因花炮始祖李畋在这里发明爆竹花炮，素有"花炮之源"的美誉，烟花爆竹研究、生产传承千年，先后获得"国家地理标志保护产品""中国驰名商标""国家非物质文化遗产"称号。2019 年，花炮小镇获评湖南省首批特色产业小镇。

近年来，花炮小镇大力改革传统花炮产业，深入实施整合提升、科技攻关、品牌营销"三大工程"，引导企业围绕花炮产业全链整合提质，形成了从烟花爆竹生产、经营到原辅材料经营、包装印刷、造纸、机械制造等的完整产业全链，花炮原辅材料占全国市场 70% 以上，花炮产品远销 100 多个国家和地区，成为全国最大的花炮原辅材料集散中心和烟花爆竹交易中心。小镇生产的棠花烟花成为春晚分会场、珠港澳大桥通车仪式、70 周年国庆、武汉军运会等大型活动指定燃放烟花，在全国具有较高的知名度。同时，小镇坚持将花炮元素融入小镇风貌，以花炮文化带动园区发展，建成了花炮材料制造产业

图 13-4　花炮小镇远景图

图片来源：由花炮小镇提供。

图 13-5　花炮小镇远景图

图片来源：由花炮小镇提供。

基地、国际花炮商贸城、烟花王朝等生产展示交易平台，完善了花炮文化博物馆、花炮始祖李畋庙、李畋广场、花炮文化步行街等文旅设施，着力将小镇打造成为文化底蕴深厚、科技含量充盈、安全环保发展的湘赣边花炮产业中心。2020 年，小镇花炮产业年产值达 197.6 亿元，特色产业税收达 2.25 亿元，共有特色企业 413 家，吸纳就业人数 4.5 万人。

　　未来，花炮小镇将抢抓"一带一路"和湘赣边区域合作发展的机遇，以安全、环保、创新为导向，坚持科技引领、要素聚变，以"两平台、三基础"项目建设为重点，分批建好花炮特色产业园、物流园、研究院、包装材料集散中心等一批彰显花炮之源的产业 IP。同时，进一步完善城市烟花品牌推广和宣传平台，全路径、多渠道包装运营花炮文化博物馆，将创意烟花等文创新品推向全国、走向世界，加快打造高效创业圈、宜居生活圈、繁荣商业圈、美丽生态圈"四圈合一"的中国花炮特色产业第一镇。

◆ 益阳市安化县黑茶小镇

黑茶小镇（见图 13-6、图 13-7）规划区范围内共有生态有机茶园近 2 万亩，黑茶加工与服务企业 71 家，其中国家、省、市级现代农业龙头企业 7 家。有中国驰名商标 5 个、湖南省著名商标 12 个、中华老字号商标 1 个、湖南老字号商标 2 个，"安化黑茶"成为国家地理标志保护产品和中国驰名商标，成功实现了从传统手工业向现代制造业的华美蜕变。2020 年，小镇年产黑茶 4 万吨，缴纳税费 1.8 亿元。

小镇坚持传承挖掘黑茶文化。中国黑茶博物馆、黑茶成果展示馆、

图 13-6　黑茶小镇中茶产业园鸟瞰图

图片来源：由黑茶小镇提供。

图 13-7　黑茶小镇茶乡花海远景图

图片来源：由黑茶小镇提供。

中茶百年木仓、黄沙坪古茶市、唐家观万里茶道起点、天下黑茶演艺中心等再现了"茶市斯为最，人烟两岸稠"的盛景，展示了"24 小时健康茶生活"，小镇正逐步成为县域内茶旅文康产业融合发展的示范区和国内旅游热点区，2020 年域内旅游人数达 458 万人次，旅游收入达 40 亿元。

　　小镇始终坚持以人才引领创新、以创新促进发展，与 5 家省级以上科研院所、高等院校建立产学研合作关系，引进黑茶研究领军人才和专业技术人才 140 余人，聘请刘仲华院士等 7 位专家担任产业发展首席顾问，创办了全国首家黑茶专业职业学校，与阿里巴巴、京东、58 集团和字节跳动公司签署战略合作协议，打造"互联网 +"销售企业与平台 50 多家。

　　未来，小镇将以黑茶产业转型升级为依托，努力建设成为世界黑茶产业中心、黑茶文化旅游中心、黑茶健康养生中心。

◆ 邵阳市邵东市仙槎桥五金小镇

仙槎桥五金小镇（见图 13-8、图 13-9）位于邵东市西南边，规划面积为 3.25 平方千米，是全国闻名的五金之乡，也是省级企业技术中心和工程研究中心、邵阳五金电镀中心、邵东五金产业集群促进中心和五金产业技术研发中心所在地。

2019 年，邵东市仙槎桥镇获评湖南首批特色工业小镇后，秉承着产、镇、人、文"四位一体"和生产、生活、生态"三生融合"的发展理念，抓规划、抓创新、抓技改、抓招商、抓宣介，加快推进传统五金产业向智能制造转型，创新活力不断迸发，人居环境不断完善，形成冶炼、锻造、注塑、物流完整产业链。2020 年年底，特色产业产值超 70 亿元，累计吸纳就业人数 2.3 万人，获得国家、省、市专利 400 余项，60% 以上产品远销欧美、中东、东南亚、日本、中国香港、中国台湾等国家和地区，钳子、扳手等产品全国市场占有率 54%。

未来，仙槎桥五金小镇将抢抓"三高四新"战略机遇，积极推进产镇融合、创新发展，加快建设成为中部地区最大的五金工具研发、生产、销售基地。

图 13-8　仙槎桥五金小镇近景图

图片来源：由仙槎桥五金小镇提供。

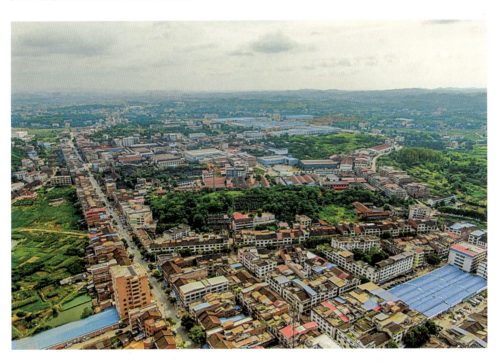

图 13-9　仙槎桥五金小镇鸟瞰图

图片来源：由仙槎桥五金小镇提供。

第十四章
云南省特色小镇（3 个）

◆ 大理州剑川县沙溪古镇

沙溪古镇（见图 14-1、图 14-2）位于云南省大理州剑川县，面积 288 平方千米，规划面积 3.14 平方千米。小镇曾入选 101 个世界濒危建筑保护名录（寺登区域）、云南省 15 个优秀特色小镇、全国 11 个"最

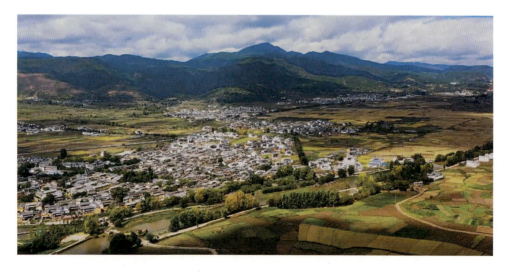

图 14-1　沙溪古镇鸟瞰图

图片来源：由沙溪古镇提供。

图 14-2 沙溪古镇远景图

图片来源：由沙溪古镇提供。

美小镇"，并先后获得中国历史文化名镇和云南省旅游名镇称号，是国家 4A 级旅游景区，共有 3 处全国重点文物保护单位及 1 个国家级非遗项目。

沙溪古镇大力发展以休闲旅游为主导、文化创意为特色、高原特色农业为辅助的产业体系，规划实施公共基础设施建设、产业项目和运营管理 3 大类 35 个项目，创建以来完成投资 14.36 亿元。从 2017 年起，剑川县突出古镇民族文化特色，吸引国内知名企业参与建设，形成以政府为引导、企业为主体的市场化运作方式，累计吸引个体投资者 786 户，建成特色民宿客栈 258 家、餐饮小微企业 118 家。同时，沙溪古镇促进了当地农民就近就地就业，全镇有 5000 余人从事休闲旅游发展相关行业，2020 年共接待海内外游客 127.57 万人次，实现旅游社会总收入 21.07 亿元，同比增长 18.81%。且古镇以"沙溪智慧旅游小镇体验"为主题，集中展示沙溪古镇"一部手机游云南"平台功能。

未来，剑川县将继续加快沙溪古镇生态化、智慧化、国际化发展，以特色小镇建设引领助推剑川全域旅游高质量可持续发展，力争把小镇打造成为大滇西旅游环线上一颗璀璨的明珠。

◆ 普洱市那柯里茶马古道小镇

那柯里茶马古道小镇（见图 14-3、图 14-4）位于普洱市宁洱县同心镇，距宁洱县城 20 千米，离普洱市区 25 千米，磨思二级公路和昆磨高速公路、玉磨铁路穿境而过，是思宁一体化发展的重要节点，也是昆曼国际大通道上的重要站点。小镇依托茶文化、古道文化、民族文化资源，发挥乡愁特色地域文化优势和知名画家、艺人的聚集优势，发展"茶、道、文、游"相融合的文旅产业，打造"记得住乡愁、留得住乡韵"的特色小镇，推动就地城镇化，振兴美丽乡村的特色小镇。小镇规划范围 2.37 平方千米，计划总投资 13.5 亿元，现已完成投资 15.19 亿元。

小镇以"中心 +"模式带动产业发展、乡村振兴。一是"中心 + 基地"催化茶产业再创佳绩，茶王茶业集团、圣福缘等知名茶企落户小镇，普洱茶从小镇中心到基地辐射发展；二是"中心 + 技艺"催化绝版木刻技艺向产业转化，小镇建立了绝版木刻教学学生创业创新教学实践基地和农民绝版木刻（国际）交流中心，截至目前，共举办培训班 16 期 871 人次，完成作品 5224 件，90 幅优秀作品亮相上海市群众艺术馆，当地农民艺术家每年大约实现增收 50 万元；三是"中心 + 文化"催化文化产业蓬勃发展，小镇乡村音乐基地推出《普洱魂》《爱如普洱》等民族音乐作品，为老挝创作的《琅勃拉邦的清晨》在国家"一带一路""文化兴边"上熠熠生辉；四是"中心＋农特产品"催化农业产业振兴乡村发展，建成土特产街，发展庭院经济，吸引投资打造度假区，为周边农户创业就业提供条件。同时，小镇积极探索"金融＋N"产业发展模式。一是"金融＋平台公司＋基础＋产业"，二是构建"金融＋三农"发展体系，三是探索"金融＋管理"乡村治理体系。当前，小镇已获批中国农业发展银行旅游扶贫贷款项目 3 亿元，实施了基础设施和公共服务提升等28 个项目；累计发放到农户无抵押无担保贷款 233 笔，金额 1314 万元。

图 14-3　那柯里茶马古道小镇近景图

图片来源：由那柯里茶马古道小镇提供。

目前，小镇已累计完成固定资产投资额 74363 万元，其中，特色产业固定资产投资额 55772 万元；已入驻企业 119 家，吸纳就业人数 1606

人；人均可支配收入达 1.8 万元；2020 年小镇接待旅游人数 61.37 万人，实现旅游收入 1.53 亿元。未来，小镇将从以下几个方面继续发力：首先，提升小镇建设软实力。深挖民族文化、茶马文化、古道文化，促进文化底蕴与项目建设融合。其次，瞄准"世界一流、中国唯一"的标准，着重提炼"乡愁"元素，促进小镇向品牌化、品质化发展。最后，把特色小镇建设作为推进乡村振兴的重要抓手，以推动特色小镇高质量发展为主线，努力打造让人"看得见山、望得见水、记得住乡愁"的特色小镇，努力走出走好边疆少数民族地区的乡村振兴之路。

图 14-4　那柯里茶马古道小镇远景图

图片来源：由那柯里茶马古道小镇提供。

◆ 文山州丘北县普者黑水乡

普者黑水乡（见图 14-5、图 14-6）位于普者黑旅游度假区内，规划范围涉及普者黑、仙人洞、猫猫冲等村落，规划面积 3.08 平方千米，辐射面积 13 平方千米。

小镇 2017 年被列为全国一流特色小镇，计划总投资 31.05 亿元，累计完成投资 34.014 亿元。2019 年至 2021 年 2 月，累计接待游客 740 余万人次。小镇发展总体定位为山水田园高原水乡小镇，旅游产业由自然山水观光向文化体验发展，打造双创一体的文化旅游产业集群，多方位发展休闲度假游、旅居养老业、农业观光业、民族文化业、生态观光体验、生态游购产业。

在文化特色方面，小镇有仙人洞村的业余文艺队 25 支，每年演出 1000 余场次；拥有省级非物质文化遗产（彝族弦子舞）和世界吉尼斯纪录（普者黑"花脸节"）；按照"一户一方案，一户一设计"的原则，严格控制建筑式样和建筑风格，建成特色民宿 699 户，共有床位 15000 余个、每年累计创造收入 7000 万元。同时小镇在环保方面，全面推行湖长制，实现垃圾日产日清。在提高出游便捷度方面，小镇围绕云南省"一部手机游云南"项目，已布设一个"5G+高清直播"试点，完成 10 路慢直播接入，实现售票点线上刷脸支付及刷脸入园、票务税务电子

图 14-5　普者黑水乡近景图

图片来源：由普者黑水乡提供。

化；同时，新建轨道交通 4 号线自高铁站直达小镇，在 2021 年 5 月正式通车。

　　未来，小镇将发挥"镶嵌式"多节点旅游接待服务的天然优势，发展娱乐产业、民族文化产业、特色餐饮住宿业、田园观光采摘业、特色农产品加工业、康养文化体验区等，进一步规划小镇田园综合体，大力发展特色农业种植，打造普者黑农村产业融合示范样板。

图 14-6　普者黑水乡鸟瞰图

图片来源：由普者黑水乡提供。

第十五章
内蒙古自治区特色小镇（2 个）

◆ 乌兰察布市商都县巨弘马铃薯小镇

巨弘马铃薯小镇（见图 15-1、图 15-2）位于商都县七台镇，小镇核心区域 5.5 平方千米，建设面积 5.46 平方千米，建设用地 9.6 万平方米，建筑面积 37.1 万平方米，计划投资 18.55 亿元。小镇充分利用商都县马铃薯产业优势条件，依托七台镇优质地理环境，着重打造马铃薯产业高科技加工示范平台和全产业链服务平台，发展马铃薯文化旅游和特色农业观光旅游。小镇通过五大工程建设，建成以"一心、一带、一轴"（特色小镇核心区、七彩湖文旅康养带、马铃薯产业链发展示范轴）为核心区域，以马铃薯产业、康养产业、乡村农旅三大产业为支撑，集科技示范、农业生产、马铃薯加工、电商物流、健康养生、生态旅游于一体的宜业、宜游、宜居、宜养的特色小镇。

目前，小镇各项建设正在全面推进。产业发展方面，小镇将围绕马铃薯产业，按照全链统筹、融合发展的要求，聚焦产业链关键领域和薄弱环节，不断强化科技支撑，加强良种繁育，建设标准化基地，壮大加工业、物流业，拓展产业功能，加强质量品牌打造，建设一二三产业紧密融合的马铃薯产业集群，当前已累计完成投资额 8 亿元，其中，已完成特色产业投资额 3 亿元；吸纳就业人数 40 万人；入驻企业 30 家以上，其中，规模以上工业企业 10 家以上、世界或中国 500 强企业 1 家；已入驻企业发明专利拥有量达 10 多项。居住方面，小镇规划建设人才居住区、康养居住区、田士沟民宿康养基地等宜居设施，规划建设巨弘小学等教育设施。目前，专家公寓以及综合商务中心、供热站、污水处理站等配套功能设施均已建成，已建成区域用地面积 6.57 万平方米，常住人口数达 4.5 万人，WiFi 覆盖率达 65%，"15 分钟社区生活圈"覆盖率达75%，实现了较高的宜居水平。文旅方面，小镇规划建设游客服务中心、多媒体宣传中心、农耕文化体验园、市民农场、七彩河风光带等旅游设施，当前已完成中小学生社会实践基地、水果采摘体验基地、七彩湖旅

图 15-1　巨弘马铃薯小镇远景图

图片来源：由巨弘马铃薯小镇提供。

图 15-2　巨弘马铃薯小镇综合商务中心鸟瞰图

图片来源：由巨弘马铃薯小镇提供。

游景区的建设，年接待游客人数达 40 万人次，达到了较高的宜游水平。

　　建成后，小镇可容纳居民 4.5 万人，其中，常住人口 3 万人，直接新增就业岗位约 8000 个，辐射带动周边相关产业发展，可提供就业岗位超过 2 万余个，每年可产生和带动 38.8 亿元以上收入，这对于商都县巩固脱贫攻坚成果具有重要且深远的意义。

◆ 通辽市开发区哲里木湛露温泉康养小镇

　　哲里木湛露温泉康养小镇（见图 15-3）位于通辽市主城区西侧的城乡交界处，地理位置优势明显，距主城区 5 千米、机场 5 千米、高铁站 9 千米，交通十分便捷，1.5 小时可到达沈阳、长春，3.5 小时可到达北京、天津，周边 800 千米范围内分布着 15 个 100 万人口以上的城市。

　　小镇核心区域整体布局为"两轴四区"。"两轴"，即以热带雨林温泉馆、温泉娱乐城、温泉湖、温泉康养形成的南北主轴，以文化风情街、温泉水世界形成的东西轴线。"四区"，即健康养生区、休闲养老区、生态农庄区、文创产业区。产业以小分子温泉产业为主，打造专业的医疗养生平台，并开发温泉系列产品。同时，集聚通辽城市周边食品加工、绿色种植、交通枢纽、生活设施配套等要素，合力打造功能齐备的温泉康养、生态旅游区。此外，建立产业链增值收益村民共享机制，形成有竞争力的产业集群，依托家庭农场、农民合作社等农业经营主体，将小农户融入小镇发展产业链，推动农村一二三产业融合发展。

　　自 2014 年启动建设以来，小镇已累计完成投资 4 亿多元，其中，

图 15-3　哲里木湛露温泉康养小镇远景图

图片来源：由哲里木湛露温泉康养小镇提供。

特色产业投资 1.8 亿元；吸引企业入驻 33 家，吸纳就业 500 人；建成蒙中药材种苗基地 10 处，种植道地蒙中药材 27.7 万亩，蒙药产量占全国的 50% 以上；拥有蒙医蒙药科研机构 10 家、工程实验室和企业技术中心 7 个，获得新药批准证书 16 个；开掘开采 2005 米温泉井一眼，开发了温泉系列产品（小分子团饮用水、浓缩原浆水、浓缩小分子面膜水和富氢水）；建成了温泉水上乐园、温泉农庄、游客服务中心、智能温室大棚、特色民宿等文旅设施，2019 年接待游客 20 万人次，全面达产后，预计每年接待游客 100 万人次，年营业收入可达 4.5 亿元，投资拉动比达到 1∶8。小镇获得了内蒙古自治区第二批重点培育的省级特色小镇荣誉。

　　未来，小镇将继续遵循产业突出"特而强"、功能突出"聚而合"、形态追求"小而美"、机制实行"新而活"的发展规划，建设一座商贾云集、宜居宜业的内蒙古自治区哲里木湛露温泉康养小镇。

第十六章
江西省特色小镇（1 个）

◆ 赣州市南康区家居小镇

　　家居小镇（见图 16-1、图 16-2）位于赣州市南康区中部镜坝镇，地理位置优越，项目总规划用地 5 平方千米，核心区域 2 平方千米，主要建筑围绕 20 多万平方米的景观湖进行布局。家居小镇是全国首个家

图 16-1　家居小镇近景图

图片来源：由家居小镇提供。

图 16-2　家居小镇鸟瞰图

图片来源：由家居小镇提供。

具产业小镇，高起点规划、高品质建设、高水准运营打造"天下家居第一镇"。2019 年，家居小镇先后被评定为江西省工业旅游示范基地、江西省科普教育基地。

家具是南康的传统产业、首位产业、富民产业和扶贫产业。南康家具正在朝全国乃至国际有影响力、有竞争力的产业集群迈进。"南康家具"作为全国首个以县级以上行政区域命名的集体商标，品牌价值突破 100 亿元，高居全国家具行业之首、江西省制造业第一。产业集群产值从 2012 年的 100 亿元增长到 2016 年的 1000 亿元，2020 年突破 2000亿元，成为全球最大的家具生产制造基地；线上交易额从 2012 年的不到 10 亿元跃升到 2020 年的 600 亿元，南康家具挤进电商销售全国产业带前十位；线下市场面积从 2012 年的 100 万平方米发展到 2020 年的超

300 万平方米，居全国第三位。小镇以家居产业为核心延伸业态，贯穿产业上、中、下全产业链，融合教育培训、研发设计、家具生产、展销体验、物流电商、休闲旅游、文化创意、配套居住、健身娱乐等内容，打造综合性产业生态圈。

　　未来，家居小镇将继续贯彻落实新发展理念，与赣州国际陆港"双核联动、两翼齐飞"，推动千亿家具产业集群高质量跨越式发展，力争 3 年内实现产业集群产值超 3000 亿元，成为家具设计界的"中国米兰"，实现世界家居"设计在南康、定制在南康、体验在南康、采购在南康"，争坐国内家具业的"第一把交椅"。

附表 1　特色小镇 50 强排名

省份	小镇名称	宜业	宜居	宜游	小镇评价指数
浙江	杭州市余杭区梦想小镇	89.61	84.64	78.24	84.46
江苏	苏州市太湖体育运动休闲小镇	80.14	83.32	90.74	84.43
湖南	益阳市安化县黑茶小镇	84.36	85.95	81.66	84.11
云南	文山州丘北县普者黑水乡	83.02	83.98	85.50	84.10
广东	佛山市禅城区岭南文荟小镇	84.00	83.79	84.50	84.08
江苏	无锡市江阴市新桥时裳小镇	87.12	80.50	83.39	83.68
广东	深圳市龙华区大浪时尚创意小镇	82.23	91.15	76.31	83.58
河北	廊坊市永清县云裳小镇	85.20	81.55	83.89	83.53
江苏	苏州市昆山市周庄水乡风情小镇	83.46	83.62	82.98	83.37
河北	沧州市沧县明珠服饰小镇	86.43	83.95	78.42	83.16
江苏	宿迁市保险小镇	85.12	81.54	82.02	82.93
浙江	绍兴市上虞区 e 游小镇	84.12	82.67	81.63	82.86
广东	佛山市大良寻味顺德小镇	81.63	80.39	87.19	82.86
浙江	湖州市德清县地理信息小镇	84.91	83.54	79.50	82.81
安徽	芜湖市湾沚区殷港艺创小镇	80.81	82.04	85.76	82.73
云南	大理州剑川县沙溪古镇	77.80	81.78	89.19	82.61
江苏	苏州市昆山市智谷小镇	85.03	81.99	80.28	82.54
安徽	亳州市谯城区古井白酒小镇	86.74	80.64	79.15	82.33
江西	赣州市南康区家居小镇	83.03	81.05	82.85	82.28
安徽	黄山市黟县西递遗产小镇	85.11	81.50	78.34	81.82
云南	普洱市那柯里茶马古道小镇	80.53	80.60	84.48	81.74

续表

省份	小镇名称	宜业	宜居	宜游	小镇评价指数
浙江	宁波市慈溪市息壤小镇	82.83	82.75	78.82	81.60
内蒙古	通辽市开发区哲里木湛露温泉康养小镇	82.57	81.57	80.24	81.52
湖南	长沙市浏阳市大瑶花炮小镇	81.93	84.07	78.05	81.51
吉林	延边州安图县红丰矿泉水小镇	82.23	81.40	80.65	81.47
湖南	湘西州永顺县芙蓉镇	77.51	86.31	80.37	81.45
江苏	泰州市泰兴市凤栖小镇	82.22	81.14	80.25	81.25
江苏	苏州市高新区苏绣小镇	81.35	81.06	81.25	81.22
广东	佛山市三水区白坭镇文创小镇	80.05	79.96	82.87	80.86
浙江	绍兴市上虞区伞艺小镇	82.09	82.29	77.64	80.83
安徽	合肥市巢湖经开区三瓜公社电商小镇	79.97	80.07	81.92	80.59
浙江	台州市椒江区绿色药都小镇	83.56	81.58	75.87	80.56
湖南	娄底市双峰县永丰农机小镇	80.89	82.40	77.83	80.50
河北	石家庄市鹿泉区君乐宝奶业小镇	83.78	81.28	75.59	80.45
安徽	黄山市屯溪区黎阳休闲小镇	79.73	81.16	80.42	80.44
广东	韶关市翁源县江尾兰花小镇	80.23	77.21	84.42	80.43
河北	邢台市清河县羊绒小镇	83.46	80.49	76.66	80.38
吉林	长春市鹿乡梅花鹿小镇	83.42	78.02	79.53	80.37
吉林	吉林市蛟河市天岗花岗岩小镇	83.03	78.27	79.46	80.29
浙江	绍兴市柯桥区蓝印时尚小镇	81.44	82.16	76.73	80.28
广东	云浮市新兴县六祖小镇	81.66	81.37	77.15	80.20

续表

省份	小镇名称	宜业	宜居	宜游	小镇评价指数
广东	广州市从化区生态设计小镇	81.32	79.70	79.25	80.13
河北	衡水市武强县周窝音乐小镇	82.55	79.02	78.61	80.13
湖南	邵阳市邵东市仙槎桥五金小镇	82.16	80.05	77.57	80.05
吉林	白山市抚松县万良人参小镇	81.26	81.69	76.67	80.03
安徽	蚌埠市怀远县上谷农贸小镇	80.64	78.46	79.70	79.60
广东	河源市源城区创意设计小镇	81.76	80.59	75.88	79.59
安徽	芜湖市湾沚区航空小镇	77.82	81.48	79.03	79.47
吉林	白山市江源区松花石小镇	76.25	82.95	78.22	79.19
内蒙古	乌兰察布市商都县巨弘马铃薯小镇	76.25	77.21	75.59	76.39

责任编辑：李甜甜

封面设计：胡欣欣

责任校对：史伟伟

图书在版编目（CIP）数据

中国特色小镇 2021 年发展指数报告 / 蒋剑辉，张晓欢 主编 . — 北京：
   人民出版社，2021.7

ISBN 978－7－01－023609－4

I. ①中… II. ①蒋…②张… III. ①小城镇－城市建设－研究报告－中国－2021

   IV. ① F299.21

中国版本图书馆 CIP 数据核字（2021）第 139156 号

中国特色小镇 2021 年发展指数报告

ZHONGGUO TESE XIAOZHEN 2021 NIAN FAZHAN ZHISHU BAOGAO

蒋剑辉　张晓欢　主编

人民出版社 出版发行

（100706　北京市东城区隆福寺街 99 号）

北京汇林印务有限公司印刷　新华书店经销

2021 年 7 月第 1 版　2021 年 7 月北京第 1 次印刷

开本：787 毫米 ×1092 毫米 1/16　印张：11.5

字数：134 千字

ISBN 978－7－01－023609－4　定价：98.00 元

邮购地址 100706　北京市东城区隆福寺街 99 号

人民东方图书销售中心　电话（010）65250042　65289539